农地流转公开市场的
机制与模式

张子荣 / 著

Research on the Mechanism and Model of
Open Market of Agricultural Land Circulation

中国财经出版传媒集团

经济科学出版社
Economic Science Press

前　言

　　农业是国民经济的基础，土地是农业发展的命脉。马克思指出，土地的至关重要性，只有在它"通过运用和开发"的前提下，才能"具有广大的规模"。我国的家庭联产承包责任制一度极大地激发了农村的生产活力，但是随着城市化进程加快、农村劳动力转移加速，形成了土地细碎化、抛荒化等问题，造成土地资源的配置效率不高，已经严重阻碍了农业生产力的发展。加快构建现代化农业经营体系，发挥市场机制在配置农地资源中的决定性作用，已成为我国农村和农业经济发展的核心问题。党的十八届三中全会提出，要鼓励农村土地承包经营权在公开市场上向专业种养大户、家庭农场、农民专业合作社、涉农工商企业证流转，发展多种形式的土地规模经营。此后的党的十八届五中全会及历年的中央一号文件，也都对推动农地流转市场建设进行了明确。如党的十八届五中全会通过的"十三五"规划纲要提出，"依法推进土地经营权有序流转，推动实现多种形式的农业适度规模经营"。2017 年，中央一号文件提出加快农村产权交易市场建设，其中的一项重要内容就是推动农地承包经营权的流转。

　　构建农地流转公开市场，既是一个实践问题，也是一个理论问题，更是一个机制问题。实践层面，以我国农地流转市场的发展现状及问题来看，农业规模化经营需求已经对发展农地流转公开市场提出了迫切要求。理论层面，农地流转公开市场建设，以马克思土地及市场理论为指导，同时吸收了西方经济学土地及市场理论的有益成分。机制层面，农地流转公开市场作为一个土地产权交易机制的集合，需要一系列必要的前置条件和机制设计，构成一定的流转模式。基于实践、理论和机制等方面的分析，本书建立了多维分析框架。

本书分析了我国农地流转市场的发展现状。我国的农地流转经过了从开到禁、从禁到开的反复过程，流转形式日趋多样，流转规模逐步扩大，流转行为逐渐规范。在流转模式方面，出现了转让、转包、出租等传统的流转形式，以及承包权和经营权抵押、"土地换社保""土地银行"等新形式。目前，在我国的农地流转中，还存在着交易主体非市场化、交易客体的非价值化、交易规则欠缺、中介服务组织匮乏等问题。建设一个公开的农地流转市场，是农业经济规模化发展的必然要求。

本书分析了农地流转公开市场的理论基础。马克思地租理论仍然有助于分析土地流转过程中经营权的期限安排等问题，对土地股份经营的性质、特点、作用等问题的分析，对于探索土地股份合作制等流转模式具有理论指导意义。西方经济学的产权理论和土地理论、市场理论和制度变迁理论等，也为建立公开的、竞争较为充分、信息流通顺畅的农地流转市场提供了借鉴。

本书对农地流转市场的内涵特征进行了界定。农地流转实际上是农村承包经营权的流转，涉及地权市场化的重要概念，即农地配置方式由以政府分配为主向以市场配置为主转化，使价值规律发挥决定性作用的过程。按照公开市场的基本思路推进农村土地的合理流转，将提供一种科学、合理、高效的制度设计。农地流转公开市场具有主体地位平等、"经济人"假设、充分竞争、信息对称和价格市场化等重要特征。

本书提出了农地流转公开市场的前置条件。建设农地流转公开市场，前提是实现农地使用权的物权化，赋予承包土地以完整的、真正的权能，能够按照一般物权行使各种权利；实现农地流转的规模化，一定体量的土地流转规模是农地流转市场建设的必要前提；健全农村的社会保障体系，以城乡一体的社会保障体系代替土地保障功能，系统地解决非农就业者的社会生活保障问题。

本书分析了农地流转市场运行的多种机制。市场主体地位平等是农地流转市场建设的基本要求。农地流转政策、流转供求信息等是促成农地流转交易的条件，解决信息不对称的关键在于搭建农地流转信息平台、构建农户与企业的信任关系。农地流转的价格形成总体上可以分为双方协商定价和市场公开竞价，两种价格形成方式适用于不同的流转交易，农地规模流转中采取拍卖、投标等公开竞价方式能够比较真实地反映市场供求状况。

　　本书提出了农地流转公开市场的若干模式。平台交易方式通过一定的交易中介机构实现，有助于使交易过程公开透明，保障交易主体的平等地位，有助于积累丰富的价格信息数据，为类似农地流转交易提供一个相对稳定的坐标系。农地股份合作体现的是要素（土地）股份化、经营产业化、运作市场化，有利于促进农村土地有序流转，发展适度规模经营。真正的土地银行应当是一类金融机构，我国的土地银行应当走金融化的方向，条件成熟时成立专业的土地银行金融机构。规范化自主流转要以公开市场的特征为取向。

目录 ■■■

第*1*章

绪 论

发展社会主义市场经济是我国经济体制改革和发展的总取向，这个取向自1992年确立以来，在城市工业、商业经济等方面都取得了长足的进步。但是相比较而言，农村、农业经济的市场化进程是滞后的。农村土地问题是"三农"问题的重中之重，通过农村土地流转形成一定的农业规模经营，是农业经济发展的重要途径。农村土地流转采取何种方式进行，市场机制应当在何种程度上发挥作用，是一个值得进一步研究的课题。

党的十八届三中全会做出全面深化改革的决定，提出鼓励土地经营权通过公开市场进行有序流转，发展多种形式的规模化经营，土地流转"公开市场"的概念被首次提出。2015年党的十八届五中全会通过的"十三五"规划纲要也提出，"依法推进土地经营权有序流转，推动实现多种形式的农业适度规模经营"。土地流转"公开市场"的概念是在当前我国农业经济发展的特定背景下提出的，有其明确的指向。这个指向，就是农村土地的流转要遵循市场运行规律，满足主体平等、充分竞争、信息对称等一系列市场条件，使市场机制在土地流转过程中发挥决定性作用。

■ 1.1 选题背景

家庭联产承包责任制是我国农村经济的基本经营体制，这个体制曾一度极大地激发了农村的生产经营活力，提高了农地的产出效率。但是，随着城市化的快速推进和农村劳动力转移加快，也历史地形成和积累了土地细碎化、土地抛荒化等问题，造成土地规模化经营程度较低，土地资源的配置效率不高，制约着农业生产力向更高层次发展。马克思指出，"土地最初以食物，现成的生活资料供给人类，它未经人的协助，就作为人类劳动的一般对象而存在"。① 但是，土地的至关重要性，只有在它"通过运用和开发"的前提下，才能"具有广大的规模"。② 通过一定的方式，突破土地细碎化的瓶颈制约，实现适度规模的土地经营，有利于提高土地生产力，提高土地的产出效率和效益。

当前阶段，我国农业经济发展的中心任务，就是使市场在农地资源配置中起决定性作用，构建适应中国农业发展要求的新型农业经营体系，通过体制机制方面的改革创新，进一步解放和发展土地生产力，加快推进农业现代化。党的十八届三中全会做出全面深化改革的决定，明确要保持农村土地承包经营关系稳定并且长久不变，全面赋予农户对承包地的占有、使用、收益、流转和经营权抵押及担保等权能，允许农民以土地经营权入股，推动农业产业化发展。鼓励土地经营权通过公开市场向专业种养大户、家庭农场、农业专业合作社、涉农企业等流转，发展多种形式的规模化经营。③ 2017 年中央一号文件提出，通过土地经营权流转、股份合作、代耕代种、土地托管等多种方式，加快发展土地流转型、服务带动型等规模经营形式。④

此前，中央文件关于推动农村土地经营权流转的有关政策，已经出现如"建立健全土地承包经营权流转市场"（《中共中央关于推进农村改革发展若干重大问题的决定》）等的表述，但此次全会却是第一次明确提出了"公开市场"的概念。如何理解"公开市场"的内涵？所谓的"公开"，是否仅仅是一个相对于"秘密"或"地下"的无关轻重的限定词？或是有着更

① 马克思恩格斯全集（第23卷）[M]. 北京：人民出版社，1972：202-204.
② 马克思恩格斯全集（第26卷）[M]. 北京：人民出版社，1972：22-23.
③ 中共中央关于全面深化改革若干重大问题的决定（2013年11月12日中国共产党第十八届中央委员会第三次全体会议通过）[J]. 求是，2013（11）.
④ 2017中央一号文件公布：聚焦农业供给侧结构性改革 [EB/OL]. http：//news. china. com/domestic/945/20170206/30232509_all. html，2017-2-6.

深层次的内涵？结合党的十八届三中全会的主题，即"全面深化改革"，以及"使市场在资源配置中起决定性作用"，"加快完善现代市场体系"等深化经济体制改革的核心要义，这里的"公开市场"无疑有着更深层次的含义。

联系到在我国农地承包经营权流转的实践中，在很多地区、特别是欠发达地区，还存在着农户自发交易的不完善的"协议市场"甚至是不合法的"隐性市场"。我们应当把这里的"公开市场"理解为相对于"协议市场""隐性市场"的经济学概念，是一个相对完全、高度竞争的市场。因此，按照"公开市场假设"，所谓的公开市场应当是这样一种市场状态：存在众多的买者和卖者对于物或物权进行充分竞争；在市场上交易双方处于平等的地位；交易双方都有机会取得足够的市场信息；双方都是自愿、理智地进行交易行为，而非在强制或不受限制的条件下进行；交易双方都能对交易物或权利的功能、用途和价格等进行理智判断。显然，按照这种假设，能够满足这些条件的公开市场只是相对于现实市场的一种"理想型"。但是，如果要实现"使市场在资源配置中起决定性作用"的农地（承包权和经营权）流转改革，就必须按照上述原则建设农地承包权和经营权交易市场，逐步取代目前的不合法、不规范的"隐性市场"或"协议市场"。

1.2 选题意义

在全面深化改革、推进结构性改革的新时期，研究如何紧紧围绕使市场在资源配置中起决定性作用，把农地流转市场纳入现代市场体系，具有重要的理论和现实意义。

1.2.1 理论意义

1. 充分挖掘马克思土地及市场理论的现实意义

马克思著作中丰富的理论论述，历史地关照和预见了我国当前的农村土地经营制度、土地承包权和经营权流转、农业产业化经营等问题，如马克思关于土地兼并、集约经营以及土地所有制的理论、关于地租价格形成的级差地租理论、关于小农经济的理论、关于地权交易的理论、关于市场的理论等。梳理和分析这些理论论述，对于正确理解我国建设农地流转公开市场的理论基础，将有重要的指导作用。

2. 探索西方市场理论与中国农地流转现实问题的结合

在坚持基本经济和政治制度的前提下，社会主义市场经济不排斥任何有利于促进生产力发展的经济机制和市场手段。我国农村的土地所有制与西方国家在根本上是异质的，但是，经过长期的农村经营体制改革，农地承包权和经营权已经被作为一种相对独立的"物权"确定下来，针对这一"物权"所进行的一切占有、使用、收益、流转以及抵押、担保、入股等经济行为就具有了市场化的可能。因此，农地承包权和经营权的市场交易并不存在政治和经济制度上的障碍。从而，西方经济学中的市场理论也有可能被借鉴到我国农地流转的公开市场建设中来。本书将系统梳理西方市场理论，特别是公开市场的理论假设等，吸收理论中的合理成分，探讨公开市场理论应用于中国农地流转市场建设实践的可行性。

3. 完善我国农地流转公开市场的运行机制

目前，在我国一些地区，如山东滕州、重庆、成都郫都区、广东南海等地已经建立起了农地承包经营权交易的有形机构，并制定了市场交易规则。但是有形的机构相对于无形的市场，是两个不同的概念：有机构未必有市场，有市场其特性未必是以公开、竞争为核心，反而有可能沦为基层政府进行土地操纵的便利工具。在本书中，将初步研究农地流转公开市场的市场主体、市场交易模式、价格形成机制、信息交流机制、土地流转效率等基本问题，从而探索建立一个相对完善的农地流转公开市场运行机制。

1.2.2　实践意义

1. 系统分析当前国内农地流转市场基本现状及问题

研究我国农地流转市场的文献非常丰富，其中多数研究是从农地流转市场的现实状况入手，通过问卷调查、实地考察、数据分析等手段，描述我国农地流转的现状，也不回避地提出了一些问题。但是，判断现状好坏的标准具体是什么？提出各种描述性问题的参照系在哪里？市场运行中的本质性缺陷何在？指向往往不甚清晰。本书从"公开市场"的特性出发，为我国农地流转市场指出一个"应然"的参照系，使之可能以比较清晰的思路描述现状、解释问题和分析成因。

2. 促进农地流转公开市场建设的工具性方法创新

按照公开市场的交易规则，制定哪些措施、选取哪些方法，可以确保土地承包权和经营权的交易双方能够进行相对充分的竞争；采取什么制约机制能够确保市场交易双方的平等地位；政府和市场怎样才能保障交易双方都有获取足够市场信息的机会，以对土地承包经营"物权"的功能、用途及交易价格等做出理智的判断，等等。总之，这些工具性的方法要能够确保交易是由市场因素促成的，而不是基层政府或任何其他主体干预的"非自然"结果。

3. 在深层意义上为构建我国新型农业经营体系创造条件

从农业产业化发展的一般趋势来看，在一定意义上讲，构建我国新型农业经营体系的重点在于土地。农地流转公开市场的建立，为土地的成片化、集约化、规模化经营提供了可能。一个运行良好的土地流转市场，能够发挥在土地资源配置上的决定性作用，实现资源配置的最优化和各方利益的最大化，从而妥善地解决土地经营的质量和效益问题。

1.3 国内外研究现状

农地流转是由多种要素构成的一个系统化的资源交易和配置过程，流转价格、市场结构、产权安排、交易费用等都是农地流转的重要因素。农地流转公开市场就是在这一过程中表现出来的一系列机制，如价格形成机制、产权交易机制、市场形态等。因此，国内外关于农地流转或交易的研究，也集中在上述几个方面。

1.3.1　国内研究现状

按照农村土地流转的理论和实践两个层面，国内研究者所做的研究工作主要可以分为对马克思地租及市场理论的研究以及对我国农地流转市场状况的研究。

1. 对马克思地租及市场理论的研究

国内研究者对马克思土地和市场理论的研究，集中在土地价格（在马克思主义理论中表现为地租）、土地产权（在马克思主义理论中表现为土地所有权的分离）、土地市场（在马克思主义理论中表现为土地的商品化）等方面，以期通过文献梳理和理论联系实际的分析，为当前我国农地流转市场的构建找到理论依据。

（1）对马克思地租理论的研究。

关于土地的价格形成，马克思最早提出了科学的地租理论。马克思认为，在本质上"地租是土地所有权在经济上借以实现即增殖价值的形式"[①]，地租可能会以多种独特的形式存在，但这些形式都有一个共同点，即土地所有权的经济实现形式是占有地租，而地租又以一些个人对于一些土地的所有权为前提。[②] 裴宏论证了马克思（绝对）地租理论在核心观点上的正确性，认为马克思地租理论可以通过新的形式重新解释。[③]

在国内研究方面，以马克思地租理论分析农村土地流转问题，形成了不少研究成果。杜奋根、赵翠萍认为，承认社会主义地租的存在，实质上就是认同了马克思地租理论的现代价值，而不管它们各自的具体观点有何不同。[④] 杜丽娟等人认为，农地流转价格应当以绝对地租和级差地租为计算基础，运用社会保障系数加以修正。[⑤] 黄丽萍分析了我国农地使用权流

---

① 马克思恩格斯全集（第25卷）[M]. 北京：人民出版社，1974：698.
② 马克思恩格斯全集（第25卷）[M]. 北京：人民出版社，1974：714.
③ 裴宏. 马克思的绝对地租理论及其在当代的发展形式 [J]. 经济学家，2015（7）.
④ 杜奋根，赵翠萍. 对马克思地租理论现代价值的探索 [J]. 求实，2013（12）.
⑤ 杜丽娟，赵艳霞，任伟. 马克思地租理论在土地流转定价中的应用研究 [J]. 农业经济，2010（4）.

转不畅的现象，认为地租实体价格被低估是农地流转价格偏低的决定性因素。她区分了地租和流转价格，认为它们数量上不是相等的，农地经营权流转价格的核心部分是地租，在市场供求的影响下在地租周围上下波动。① 焉香玲则指出，农村集体可以拿到绝对地租及级差地租Ⅰ，农民应该拿到级差地租Ⅱ，但在实际的土地流转和征地补偿中，级差地租并未得到足够的认可。② 张云华等实证分析了 2010 年 25 个省份的 569 户农民的土地租佃行为，认为地租相当于农业生产活动中的农地要素成本或价格，在不发生农地租佃关系变化、即土地流转的情况下，这种成本或价格是没法体现的，但在农地流转情况下，地租实现了显性化，体现出了农地要素的价格。③ 袁铖指出，马克思重点揭示了资本主义土地所有制在价值论和生产价格理论基础上的经济上的实现形式，应当通过理论整合，形成指导当前农地流转的新的地租理论范式。④ 此外，土地的重要程度、农民是否可能失去非农收入来源，以及非农收入在家庭收入的占比等因素决定了农地流转的价格。

（2）对马克思土地产权理论的研究。

在我国，农地的所有权属于集体，村委会以发包的形式向以家庭为单位的农民让渡土地经营权，即实行家庭联产承包责任制。农地之所以能够在不同的土地经营者之间进行流转，源于在马克思的产权理论中，已经看到并论述了所有权与经营权的分离。就农地的经营来说，经过多轮农村经济体制改革，农户的土地承包经营权从发包期限于 30 年到取得"长久"不变的地位，实际上农户的土地承包权和经营权已经是一种相对独立的物权。这是农地流转的基本前提。

马克思在其著作中早就对产权问题进行了深入探讨，有着丰富的思想内涵。他的产权理论的有效性超越了西方产权理论的效率范畴，不只是产权对市场配置资源效率的作用和产权明晰如何提升资源配置有效性问题，

---

① 黄丽萍. 马克思地租视角下的农地使用权流转 [J]. 福建论坛，2006 (5).
② 焉香玲. 基于马克思地租理论的我国农民收益分配问题研究 [J]. 经济纵横，2010 (7).
③ 张云华等. 中国农地流转问题调查 [M]. 上海：上海远东出版社，2012.
④ 袁铖. 农村土地承包经营权流转问题研究：一个基于地租理论的分析框架 [J]. 贵州社会科学，2013 (6).

更是把产权作为生产关系的核心内容，将产权制度变迁与生产力的发展相联系。① 马克思的所有权是一个内涵丰富的经济学范畴，特别指出了所有权的可分离特征。郑和平、段龙龙指出，马克思产权权能理论是在两权分离理论基础上，对产权权利产生横向裂解，以及子权利主体异化的一种描述。② 在马克思看来，由于不同主体对生产要素的不同职能而引起的所有权权能分离的现象，所有权可以分离成终极所有权、占有权、使用权以及支配权。在这四种权利中，终极所有权是最核心的权能，从根源上决定了其他权能是否存在及其形态。马克思指出，在不发达的生产力条件下，终极所有权和其他权能往往是同一个所有者拥有，但是随着生产力的发展，所有权权能分离的情况越来越普遍，并且似乎只有分离才能够创造更大的价值。③

具体到土地方面，马克思认为，地租是土地所有权的经济实现形式，是土地所有者从中取得的剩余价值，是土地使用者在一定时间内根据契约内容给予土地所有者的补偿。④ 马克思的土地产权是一个权利集，包括土地的所有权及其衍生权利，如占有、使用、收益、处分等一系列权能。土地的这几项产权权能既能够集中在一起，由一个经济主体单独行使，其中的一项或若干项权能又能够从权力集中分离出来、独立行使。马克思指出了土地产权可分离为多种权能，也明确了土地产权分离的实现形式：土地产权在经过分离和独立后，要通过一定形式在经济的意义上得到实现，也要使分离和独立后的土地产权形成新的经济关系，不形成新的经济关系的分离是没有实际意义的。总之，产权分离理论是在马克思土地产权理论的重要组成部分，它的价值和作用在于实现了土地产权体系的立体化构建。⑤

———————

① 谢地，李俊滔. 基于马克思产权理论的土地价值侵占问题研究 [J]. 现代管理科学，2016（4）.

② 郑和平，段龙龙. 中国农村土地产权权能弱化论析 [J]. 四川大学学报，2013（6）.

③ 邵彦敏. 马克思土地产权理论的逻辑内涵及当代价值 [J]. 马克思主义与现实，2006（3）.

④ 杜丽娟，赵艳霞，任伟. 马克思地租理论在土地流转定价中的应用研究 [J]. 农业经济，2010（4）.

⑤ 杨梦露. 马克思土地产权理论的当代启示 [J]. 人民论坛，2016（29）.

在土地国家和集体所有制条件下，不存在土地的私人所有权，但是可以分离土地的占有权和使用权，形成私人占有使用或国家与私人的共同占有使用。事实上，在土地制度上有学者提出"私有化"的观点。对此，温铁军指出，私有化大农场的模式并不适合东亚地区，这是西方经济学的历史逻辑。有着大规模农场的基本上都是殖民地国家，外来殖民政权将土地大规模分配给外来者。① 洪名勇提出，尽管在马克思文献中没有找到土地产权是商品的直接文字表述，但马克思实际上在商品经济条件下始终把土地产权作为一种特殊的商品来对待。并认为，商品经济的发展同步推动了土地权能的有偿使用，这种普遍状况表明土地产权已经具有了像商品那样的交易属性。② 邵彦敏认为，如果不讨论资本主义雇佣劳动关系，马克思的土地产权理论对我国当前的农村土地制度改革仍有指导意义。农村家庭联产承包责任制是我国农业的基本经营制度，它建立在农地所有权和经营权的分离的基础之上，每个家庭承包经营户都是一个相对独立的社会和经济单位，土地是他们长期赖以生存和生产的主要经济来源。农地产权趋向商品化和市场化，是我国农村经济发展的一个必然趋势，在产权商品化和市场化条件下推进农地有序流转，将充分发掘农村土地长期被低估的价值，提高农村土地资源的利用率和土地产出效益，也有利于完善家庭联产承包责任制。在市场经济条件下，土地承包权和经营权是更体现出资本权利的属性，拥有这种资本权利、在土地上持续追加投资，可以取得一定的生产利润；转让这种资本权利，则能够取得超出持续追加投资所得的经济收益。允许农村土地承包权和经营权通过公开市场流转，能够以市场化的手段稳定农民对土地的未来预期，保障农民土地经营权的真正实现。③ 但是，不像马克思所说的那样，土地资本一经投入，便会融入土地，土地所有者会由于土地肥力的增长而提高地租，我国的农村集体想随着土地资本的增加而多得租金，却一般做不到，为了保持土地承包权的长期稳定，土地的增值部分实际上归于农户。④

---

① 温铁军. 我国为什么不能实行农村土地私有化 [EB/OL]. http：//www. zgxcfx. com/san-nonglunjian/76831. html, 2015 - 11 - 11.

② 洪名勇. 论马克思的土地产权理论 [J]. 经济学家, 1998 (1).

③ 邵彦敏. 马克思土地产权理论的逻辑内涵及当代价值 [J]. 马克思主义与现实, 2006 (3).

④ 原玉廷，彭邓民. 刍议马克思土地资本理论与我国土地改革现实——兼论构建中国特色土地经济学理论体系 [J]. 经济问题, 2013 (1).

　　（3）对马克思市场理论的研究。

　　在《资本论》中，马克思详尽地研究了以英国为代表的早期资本主义的市场经济现象，这些研究，如果抛开资本主义的具体历史条件，科学地阐释了市场经济的共性特征。马克思认为市场是商品交换的场所，推而广之，市场是一切交换关系的总和。正如曹玟琴所指出的，在马克思的市场理论中，市场不是一种单独的市场，而是一个完整的体系，是由许多相互联系和相互制约的市场组成的体系。① 马克思非常重视市场主体在市场经济中的作用，"商品不能自己到市场去，不能自己去交换，必须寻找它的监护人——商品所有者""商品交换是商品所有者通过共同的意志行为，让渡自己的商品，占有别人的商品"。② 在马克思看来，各类市场主体在进行交易行为时，应当体现个人的独立意愿，在交易活动中双方都能够自主决策，市场交易的结果是双方共同意愿达成的产物。马克思关于市场主体的论述启示我们，农村土地流转过程实际是一个流转双方共同意志达成的过程，在这个过程中，农地流转主体的市场地位应当是平等的，判断应当是独立的，决策应当是自主的。马克思还比较系统地概括了各类市场，如生产资料市场、劳动力市场、产品市场、资本市场、货币市场等，对于每一种市场，马克思都分析了决定价格和影响价格的因素，如生产资料价格、劳动力价格、资本价格、土地价格和地租等，形成了完整的市场价格体系。马克思也研究了供求规律、价格规律、价值规律、竞争规律等市场所具有的共性规律。他指出，各类市场主体为了自身生存或获取更大的利益，必然采取相互竞争的行为，竞争可以平均化利润率，提高生产效率，促进社会生产力的发展。

　　对农村土地市场而言，马克思关于土地产权具有一般商品、资本品的市场属性的论断，为土地产权的市场化配置提供了理论基础。实现土地产权在不同经济主体之间的资源优化配置，各类权利关系的流转应当按照市场规则进行，即以市场力量而不是行政权力配置土地资源和权利。马克思还进一步分析了如何通过具体的市场机制配置土地产权，其一是对土地产权进行出租或转租，其二是进行土地产权的交易。③

---

① 曹玟琴. 试论在马克思市场理论背景下推动现代市场体系建设 [J]. 求实，2014 (10).
② 马克思恩格斯全集 (第23卷) [M]. 北京：人民出版社，1972：102.
③ 洪名勇. 论马克思的土地产权理论 [J]. 经济学家，1998 (1).

2. 对我国农地流转市场的研究

（1）关于我国农地流转市场的发展状况。

在现有的研究中，关于我国农地流转是否存在真正意义上的市场，市场是以一种什么样的状态存在，国内研究者存有明显分歧。在此前的研究中，对于农地流转市场存在"有""无"之争；更多学者指出，我国目前的农地承包权和经营权流转市场仅具有市场雏形。华中师范大学中国农村问题研究中心邓大才教授进一步拆分了"市场"这一概念，"市"就是交易，"场"就是场所，总结了研究者对于农地流转市场的三种看法。①

农地流转"无市无场"。 徐勇、邓大才认为，如果对流转市场的内涵、是否存在市场都没有形成共识，就无从谈起农地流转市场的问题。他们认为，现在的状况是"有流无转""有流无市"，不少流转属于"无市无价"，一部分属于"有价无市"。②中国社会科学院农村发展研究所李国祥认为，目前我们已经建立了生产物资、商品、农村消费品等很多市场，但农村的要素市场还没有真正建立起来。③朱文认为，我国的城市土地市场已经形成了比较完善的交易机制、交易场所，但是农村土地使用权的交易还没有形成规范的市场。④刘同理甚至认为，目前我国农村土地承包权和经营权流转的有形市场还没有破题。⑤蒋志强、刘畅基于 CHIP2013 数据的实证分析，认为参与农村土地流转的农户少、占比低、规模小。⑥这类观点重视市场的综合构成要素，认为仅仅是有农村土地流转的实践活动，并不意味着有了农地流转市场。即便是人为地构建了一个推动农地流转的平台或载体，也未必意味着形成了真正的农地流转市场。农地流转市场必须具备一定的市场条件、流转机制、交易规则、活动载体等，还要有必需的

---

① 邓大才. 关于土地承包经营权流转市场的几个重大判断［J］. 学术研究，2009（10）.

② 此观点由徐勇在华中师大农研中心月度学术会议上提出，后与邓大才多次探讨并达成共识.

③ 李国祥. 改革中必须要保障农民利益［EB/OL］. http：//money.163.com/special/002531GB/liguoxiang.html，2016-2-3.

④ 朱文. 新农村建设中农村集体土地流转制度改革与创新［J］. 农村经济，2007（9）.

⑤ 李登攀. 土地流转乃大势所趋：农村新一轮改革启幕［N］. 经济视点报，2008-10-8.

⑥ 蒋志强，刘畅. 我国农户土地经营权流转状况的实证分析——基于 CHIP2013 数据［J］. 农村经济与科技，2016（19）.

市场中介服务组织或机构。如果对什么是土地承包权和经营权流转市场还没有达成共识，也就缺乏判断是否存在农地流转市场的基础。

农地流转"有市有场"。安宇红的调查指出，早在 2003 年江苏溱东镇就形成了农地流转市场。① 曹荣山、沈志荣研究认为，溱东镇建立了以三级网络为主要构成的市场形势，认为这里的农地流转存在一个有形的交易市场。② 刘炳香此前认为，农地流转只能是无形市场，在考察了滕州市的农地流转情况之后，相信可以建立"有形市场"。③ 郜亮亮、黄季焜、罗泽尔·斯科特（Rozelle Scott）、徐志刚认为，从 20 世纪 90 年代中后期开始，中国农地流转市场开始有了较快的发展，主要表现为更广泛的市场化行为、更加规范的合同签订，以及流转期限趋向长期化。④ 农村产权（承包权和经营权）流转交易市场的建立，为农村集体资产开辟了合法实现财产价值的渠道，将给农村资产市场化改革带来革命性变化，一些地方的农村产权流转交易市场建设效果非常明显。⑤ 这类观点认为，事实上一直存在土地承包权和经营权的流转行为，在有偿流转中也自然形成流转价格，山东滕州、重庆开县、广东南海、四川成都等地还挂牌成立了"农村产权交易中心""农村产权交易所"等，农地流转市场当然是存在的。这些坚持"有市有场"观点的研究者，认为有了农地流转活动、土地流转价格，也有用于流转活动的场所或平台，也就可以认定农地流转市场已经形成。

农地流转"有市无场"。叶剑平等认为，当前农地流转市场还只是处于比较初级的阶段，发展还不够充分。⑥ 目前大多数农村的土地使用权流转还不是真正意义上的市场化配置，最多只是具有了市场化配置的雏形。金文成和孙昊认为，目前事实上存在着各种农地流转的市场交易行为，但是流转交易的行为还不符合市场经济规律和要求。他们认为，我国虽然允

① 安宇红. 土地流转市场 [J]. 宏观经济管理，2008 (11).

② 曹荣山，沈志荣. 溱东创设农地流转有形市场 [J]. 江苏农村经济，2008 (9).

③ 中国农经信息网. 山东省滕州市建立农村土地流转"有形市场"，http：//www. caein. com/index. asp? NewsID = 39963&xAction = xReadNews，2016 - 7 - 19.

④ 郜亮亮，黄季焜，Rozelle Scott，徐志刚. 中国农地流转市场的发展及其对农户投资的影响 [J]. 经济学，2011 (4).

⑤ 刘守英. 中共十八届三中全会后的土地制度改革及其实施 [J]. 法商研究，2014 (2).

⑥ 叶剑平，蒋妍，丰雷. 中国农地流转市场的调查研究——基于 2005 年 17 省调查的分析和建议 [J]. 中国农村观察，2006 (4).

许农民通过流转市场进行土地经营权的流转交易，但是仍然存在不少制约土地经营权让渡的体制障碍。① 王晓兵等认为农地流转"有市无场"，我国农地流转的交易活动是大量存在的，也有着进一步扩大交易规模的内在要求，但是农地流转的市场化、规范化程度仍然较低，交易场所、交易机制、价格发现等功能远不健全，市场还处于比较初级的阶段。② 事实上，我国农村还存在大量的、不规范、不合法的土地流转隐形市场，罗平湖系统梳理和分析了我国土地隐形市场的概念、表现形态、形成原因和防范治理等方面的研究文献，认为农地隐形市场逐渐存在显形化迹象，并有可能长期客观存在。③

关于认识分歧产生的原因，可以认为源于研究者对于市场概念的定义不同。如果把市场理解为交易活动或交易场所，则很容易得到"有市有场"的结论；但是，如果在严格意义上理解市场概念，即在一定程度上接近于"公开市场假设"的规则，则认为中国目前还不存在农地流转市场，也并无不可。也就是说，我国目前大量存在的还是承包权和经营权流转的私下交易的协议市场，严格的公开市场规则并没有完全建立起来。

（2）关于我国农地流转市场的运行机制。

农地流转市场的动力。马晓河、崔红志研究认为，小块土地经营模式造成农业生产规模不经济，是农业各类生产要素配置效率低下的根本原因。解决资源要素最佳配置问题，要求通过农地自由流转实现土地规模化生产。土地流转弥补了家庭联产承包责任制使土地碎片化的固有缺陷。④ 经济发展是土地流转的外在动力，经济的快速增长和城镇化的加快，使大量农业从业人员从事非农劳动，产生相对的土地剩余，扩大了土地流转的供给；按人口平均分配的家庭承包土地配置机制，难以为大部分农村家庭提供足够的农业就业机会，从而产生了土地流转的客观需求。农村产业结构调整形成农地流转的内在动力。农村经济中非农产业的比重加大，大量农业劳动力转移到非农

---

① 金文成，孙昊. 农村土地承包经营权流转市场分析 [J]. 农业经济问题，2010 (11).
② 王晓兵，侯麟科，张砚杰，孙剑林. 中国农地流转市场发育及其对农业生产的影响 [J]. 农业技术经济，2011 (10).
③ 罗湖平. 中国土地隐形市场研究综述 [J]. 经济地理，2014 (4).
④ 马晓河，崔红志. 建立土地流转制度促进区域农业生产规模化经营 [J]. 管理世界，2002 (11).

产业，农地承包权和经营权流转，能够让没有经营能力和意愿的农户自由地转出土地，有意愿和能力的农户则自主转入土地。有研究认为，农业比较利益变化也是土地流转的重要动因，由于农产品价格维持在较低的水平，耕种土地的效益不高，在越来越多的农户中，非农收入占到了较大比重，土地在家庭收入中重要性已经下降。陈永志和黄丽萍提出，农地使用权流转源自相对价格的变动，如果数块土地经过流转、整理，能够取得的规模化经营效益超过了流转价格，就有了农地使用权转入的潜在需求。[①] 徐旭等研究了土地流转的不同利益主体，阐述了促使土地流转的四个因素：一是在收益最大化的驱动下，不考虑社会保障等其他因素，只要从事非农产业的边际收益大于农业生产的边际收益，就会产生土地转出行为；二是上级政府部门往往布置土地流转规模任务，同时为发展集体经济，村集体组织也有动力支持农地流转；三是土地流转有利于实现农业增产、农民增收和农村稳定，政府也有强烈的推动土地流转的意愿；四是工商资本进入农业生产领域，对土地的投资经营多为高收益开发项目，能够支付高于一般农地流转的租金，也对农地流转产生一定的拉动作用。[②] 尚旭东认为，政府是推动我国农地流转的重要力量，政府主导有其积极效应，但也内存隐患和不良影响。[③] 钱忠好和牟燕则认为，外部利润是我国土地市场化改革的源动力，外部利润的产生又与从计划经济到市场经济的制度环境变化密切相关。[④]

农地流转市场的模式。研究者普遍主张，农地流转采取市场化流转方式、以市场机制配置农地资源是一种最优选择。土地是一种特殊的生产要素，通过一定的机制使其商品化、资本化、市场化，是促进农业生产要素自由流转和优化配置的重要条件。中共十七届三中全会《关于推进农村改革发展若干重大问题的决定》提出，"建立健全土地承包经营权流转市场，按照依法自愿有偿原则，允许农民以转包、出租、互换、转让、股份合作等形式流转土地承包经营权"。众多研究者考察了实际存在的土地流转行

---

① 陈永志，黄丽萍. 农村土地使用权流转的动力、条件及路径选择 [J]. 经济学家，2007 (1).

② 徐旭，蒋文华，应风其. 我国农地流转的动因分析 [J]. 改革，2003 (1).

③ 尚旭东. 政府主导农地流转能"增效保粮"吗 [J]. 农村经济，2016 (1).

④ 钱忠好，牟燕. 中国土地市场化改革：制度变迁及其特征分析 [J]. 农业经济问题，2013 (5).

为，总结了土地流转方式主要有互换、转包、出租、转让、入股、抵押、反租倒包、股份合作模式、成片流转等 10 余种。① 赵金龙等归纳了农地流转的六种模式，分别是农民自主流转模式、股份合作经营模式、反租倒包模式、土地银行模式、土地市场模式、土地换社保模式等。② 杨遂全和祁全明按照流转目的，把土地承包经营权的流转分为以农业生产为目的的流转和以变更承包地用途为目的的流转，各种流转方式归属于这两种情形。③

事实上，目前我国农地流转行为存在大量的不规范现象，很多研究都指出了这一最突出、最普遍的问题。杜朝辉认为，农地流转行为不规范已经造成了农村土地的纠纷。在农地流转过程中，土地转出方与土地转入方之间信息不对称、权责不清晰、程序不规范等问题比较普遍，大部分流转活动通过口头协商的方式进行，即使签订了书面协议，合同条款的规范性也欠缺，往往容易产生各种土地纠纷。④ 我国农村的大部分土地交易市场还处在初期阶段，农地流转市场的自发性、无序性问题有其必然性。高宇认为，由于没有一个完善的土地流转法律保障体系，土地执法监管力度不大，容易造成农村集体土地或者耕地用途的改变。⑤

对于当前和今后时期，我国是否应当通过市场化的方式推进农地流转活动，也有研究者表示了一定的担心。温铁军指出，土地流转市场化从而快速资本化使农业追求粗放的数量增长，农业产业化收益再来资本主导下流出农村，农户则承担价格波动等代价。⑥ 范剑勇、莫家伟研究指出，应当采取慎重的态度推进土地流转，尽管土地流转可以带来较高的财产性收益，但大规模的土地流转也可能显著地改变现有的农村土地分配格局，或将对农村经济增长产生一定程度的不利影响；应当在制度建设、产业结构和市场环境等条件基本成熟的前提下，再逐步推进大范围的土地流转活动。⑦ 他们研

① 蔡志荣. 农村土地流转方式综述 [J]. 湖北农业科学，2010 (5).
② 赵金龙等. 农地流转与征收 [M]. 北京：金盾出版社，2012.
③ 杨遂全，祁全明. 农村土地使用权流转的主要方式及效力评价 [J]. 西北农林科技大学学报，2015 (2).
④ 杜朝晖. 我国农地流转制度改革模式、问题与对策 [J]. 当代经济研究，2010 (2).
⑤ 高宇. 我国农地流转机制研究 [J]. 科技情报开发与经济，2012 (6).
⑥ 温铁军. 新时期农村改革的三个重点 [J]. 中国合作经济，2013 (1).
⑦ 范剑勇，莫家伟. 城镇化过程中慎重推进土地流转：国际经验及对中国的启示 [J]. 毛泽东邓小平理论研究，2013 (1).

究了陷入增长陷阱的拉美国家和马来西亚、成功跨越陷阱的日本、韩国，分析了土地分配与中等收入陷阱的关系。他们认为，拉美国家的土地分配格局是高度集中、分配悬殊的，这是造成经济动荡的重要因素，而日本、韩国总体上相对平均的土地分配格局则能够保障两国经济的平稳增长。他们提出，我国推进土地流转面临两个基本现实约束。一是低端化的产业结构，决定了大部分劳动者的薪酬不可能维持在较高水平。[①] 目前，城市社会保障体系还没有覆盖到进城务工人员，农民工的收入水平不足以支撑他们举家迁入城镇。二是从农村家庭收入构成看，一个家庭的城镇打工收入和农业收入基本各占一半，两种收入来源中任何一项缺失都会影响农民的生活和农村生产稳定。这表明，如果现阶段过早地失去土地，大部分农民将难以维持稳定的收入水平，生活预期存在着较大风险。目前判断，我国还没有到快速推进土地流转的时点，应当把发展重点放在土地市场的完善和土地制度的改进方面。[②]

农地流转市场的效率。土地承包权和经营权的流转可以发生在农户之间，也可以发生在农户与土地规模化经营的合作组织之间，这两种流转无论是否形成土地的成片化、规模化，都涉及流转前后的土地生产效率问题。如果在扣除交易成本之后，土地的生产效率仍有提高，那么可以说这是一个有效率的市场。鉴于土地的规模化经营是土地流转的基本趋势，研究者也多把研究重点放到土地的规模化效应方面。不少学者的研究表明，农地有序流转有利于提高土地产出和提高农民收入。姚洋认为，土地流转活动产生对土地边际产出的拉平效应，使土地从生产效率低的经营者向高生产效率的经营者转移，进而整体上提高土地资源配置效率。[③] 陈志刚和曲福田认为，农民拥有稳定的农地使用权，有对土地经营的良好预期，将会带来较高的亩均经营效益；农民的土地能够自由转让，也由于可从中获得一定的经济补偿而使土地产出大幅提高。他们还认为，农地产权的拥有者不同、产权价值的发挥也不一样，产权的内部结构也存在差异，都会对土地的

---

① 范剑勇，莫家伟. 经济发展方式转变为什么这么难？[J]. 复旦学报，2012 (2).

② 范剑勇，莫家伟. 城镇化过程中慎重推进土地流转：国际经验及对中国的启示 [J]. 毛泽东邓小平理论研究，2013 (1).

③ 姚洋. 中国农村土地制度：一个分析框架 [J]. 中国社会科学，2000 (2).

产出效率产生影响。[①] 总体上看，我国农地制度的变迁过程，从农村土地集体经营到家庭承包经营，到相继出现新型的土地经营模式，我国农地制度改革的效率逐步提升，总体变迁过程属于一种帕累托改进，取得了很大的成效。

1.3.2　国外研究现状

与我国的土地国有和集体所有制度不同，大部分国家的土地所有制以私人所有为主。因此，国外研究者对于土地流转的研究，实际上是对土地私有产权交易的研究，主要是影响土地交易的因素、农地规模化经营，以及土地交易效率等。

1. 关于农地交易影响因素的研究

（1）宏观环境因素。

诺斯认为，制度是社会经济行为的博弈规则，是人为设定一些制约用以明确人与人之间的相互关系，分为正规制约、非正规制约，和如何实施这些制约。[②] 吕当（Ruden）认为，土地产权与农户家庭状况及农业生产类型关系密切，也受到市场中劳动力、资金、土地等要素配置方式的重要影响。[③] 宾斯万格（Binswanger）和丹宁格（Deininger）提出，土地、劳动力、信用和商品市场的配置方式不合理，存在长期的市场价格扭曲情形，这是造成资源利用率下降、影响经济增长效率的主要原因。农村土地产权的自由流转，实际上是在各主体之间优化配置土地资源，能够促进真正有意愿、有能力的农业生产者对土地扩大投资，减少农民出于规避经济风险而采取的土地抛荒等行为。[④] 同时，市场失灵是市场经济条件下的固有问

---

① 陈志刚，曲福田. 农地产权制度的演变与耕地绩效——对转型期中国的实证分析 [J]. 财经研究，2003（6）.

② 诺斯. 制度、制度变迁与经济绩效 [M]. 上海：上海三联书店，1994：1-4.

③ Ruden ST. Property Rights, Land Market and Investment in Soil Conservation, Paper Prepared for the Workshop [J]. Economic Policy Reforms and Sustainable Land Use in LDC: Rent Advances in Quantitative Analysis, 1999, 5（12）.

④ Binswanger HP, Deininger GE. Power, Distortions Revoltand Reforming Agricultural Land Relations [J]. Hand book of Development Economics, 1993, 3（2）.

题，土地市场中的农地自由交易同样不可避免，土地市场失灵将会降低土地的实际利用效率，政府部门应运用法律和行政手段对此进行适度干预，弥补单纯由市场运行带来的、且不能由市场自身解决的缺陷。① 对于政府对土地交易的干预，约书亚（Joshua）与埃莉诺（Eleonora）等分析认为，政府干预往往会低估土地的价格，这些政策的效应往往不是政府所能预测和控制的，如果借助于一种有效的制度变迁，对土地交易做出科学合理的制度安排，将可以提高土地交易的活跃程度，从而提高土地交易效率和土地资源利用效率。② 有的研究者也认为，农村土地市场不活跃的主要原因之一，是由于农户拥有的土地规模偏小，他们不具备足够的抵御市场风险的能力，往往出于未来安全的考虑而没有出卖土地的意愿。③ 孔（Kung）通过对分析研究中国非农劳动力市场和农地租赁市场，认为非农就业的程度和剩余劳动力的转移规模，很大程度上决定了农户对土地流转的需求。④

（2）产权制度因素。

在本质上，土地流转是土地产权在不同产权拥有主体之间的交易，国外很多学者研究了产权安排对农地流转的影响。在《社会成本问题》中，科斯（Coase）分析了农、牧民在土地产权上的矛盾，据此提出，只要在最初明确了土地的产权，并且这种产权可以自由交易，则谷物损害超出地租的状况将会慢慢消失。假设市场中交易成本可以忽略不计，则法院关于损害责任的判决影响不到资源的配置。⑤ 这表明，农地产权清晰是农地交易的前提条件，交易成本的大小是评价产权是否有效率的标准。在产权安排上，农地私人产权安排和私人交易能够实现帕累托最优。⑥ 而且，清晰的土地产权界定，能够使农业投资者对未来土地投资拥有明确的预期，从而稳定

---

① Macmillan DC. An Economic Case for Land Reform [J]. Land Use Policy, 2000, 17 (1).

② Joshua M. Duke, Eleonora Marisova, Anna Bandlerova, Jana Slovinska. Price Repression in the Slovak Agricultural Land Market [J]. Land Use Policy, 2004 (21).

③ Terry VD. Scenarios of Central European Land Fragmentation [J]. Land Use Policy, 2003 (20).

④ Kung JKS. Off - Farm Labor Markets and the Emergence of Land Rental Market in Rural China [J]. Journal of Comparative Economics, 2002 (30).

⑤ R. 科斯, A. 阿尔钦, D. 诺斯等. 财产权利与制度变迁——产权学派与新制度学派译文集 [M]. 刘守英译. 上海：上海三联书店, 1994.

⑥ 诺斯. 制度、制度变迁与经济绩效 [M]. 上海：上海三联书店, 1994.

土地投资；同时产权明确可以降低产权交易成本，使最有效率的生产者获得最优的土地资源，达到优质土地资源的规模化集聚，提高农业生产效率。①

（3）交易费用因素。

在农地流转活动中，搜寻交易对象、签订合同等都会产生一定的交易成本，农户是否参与土地流转、参与的规模大小与交易过程中产生的交易费用有很大关系。这里的交易费用包括了利用定价机制、获得市场信息，以及交易谈判和签订契约所产生的支出。② 约书亚（Joshua）和埃莉诺（Eleonora）等研究了中东欧国家农地私有化改革以来的农地交易费用情况，认为由于土地私有化，土地被以较低的价值分配给农户，造成大量土地的细碎化，必然产生巨额交易费用，一定程度上阻碍了土地交易的频率，使土地资源的配置效率难以得到相应的优化。③

2. 关于土地集中和规模经营的研究

土地交易的一个可能的结果，是使土地逐步趋于集中，形成土地连片、规模化经营。国外不少研究者认为，土地流转是促进土地资源向农业规模经营者集中的重要方式。特斯法耶（Tesfaye）和埃塞娜（Adugna）认为，农户的可用劳动力和牲畜的数量越多，所拥有土地的质量越差，越趋向于扩大土地的经营规模。④ 速水佑次郎利用21个发达国家和22个欠发达国家的数据，研究分析了土地规模经济和农业生产率之间的关系，认为土地规模经济对劳动生产率的解释，在发达与欠发达国家间存在25%左右的差别。⑤ 但是，也有的学者认为土地规模经营与产出率成反比例关系，也就是说，土地规模小的农户，其土地产出率反而比土地规模大的农户高。如尤他波利斯（Yotopoulos）和纽金特（Nugent）提出，农业规模收

① Feder GD, Feeney. The Theory of Land Tenure and Property Rights [J]. World Bank Economic Review, 1993, 5 (7).
② R. 科斯，A. 阿尔钦，D. 诺斯等. 财产权利与制度变迁——产权学派与新制度学派译文集 [M]. 刘守英译. 上海：上海三联书店，1994.
③ Joshua M. Duke, Eleonora Marisova, Anna Bandlerova, Jana Slovinska. Price Repression in the Slovak Agricultural Land Market [J]. Land Use Policy, 2004 (21).
④ Tesfaye T, Adugna L. Factors Affecting Entry Intensity in Informal Rental Land Markets in the Southern Ethiopian Highland [J]. Agricultural Economics, 2004 (30).
⑤ 速水佑次郎，拉坦. 农业发展的国际分析 [M]. 北京：中国社会科学出版社，2000.

益递增并不一定是土地集中的必然结果，原因在于农业技术一般是规模收益不变或者规模收益递减的，这是一个影响农户土地流转意愿的重要因素。①

3. 关于农地市场效率的研究

在《赋税论》一书中，威廉·配第（William Petty）首次提出了由于土壤有肥瘠、技术有高低、产地有远近，土地租金和地价也因此存在差异，并指出一块土地的价格就是这块土地地租额的资本化。根据产权经济学理论，农地产权界定清晰、产权交易自由能够降低交易成本，更有效地配置土地资源，但也可能导致农村土地向富裕农户或地主过度集中。在表象公平的价格竞争机制下，农地自由交易可能使无地或少地的农户不能得到土地，相反，却会导致一些农户进一步陷入失去土地的困境。因此，不少国家和地区出于维护社会稳定等非经济因素的考虑，制定了各种干预和限制农地自由交易的政策措施，在一定程度上阻碍了农地以更优的方式进行资源配置。另外，很多发展中国家缺乏健全的社会保障制度，土地还承担着满足生活和养老需求的社会保障功能，大多数农户不愿意失去土地所有权。这样，农地租赁就成为这些国家和地区农地交易的主要方式。巴苏（Basu）认为，土地租赁是土地利用最普遍的方式之一。农地租赁与农地所有权交易比较而言，农地租赁比农地所有权交易更加有效、应用范围更加广泛，农地租赁引发的金融风险远低于农地所有权交易。②

1.3.3 现有研究的不足

总体来看，国内外关于农地流转的研究具有以下几个特点。

一是偏于宏观，失之微观。大部分的研究集中于农地流转的总体发展情况，较少的研究关注农地流转的微观市场和具体主体。如果是在农地流

---

① Yoto Poulos PA, Nugent JB. Economies of Development: Em2 Percale Investigations [M]. New York: Harper and Row, 1976.

② Basu AK. Oligopolistic Landlords, Segmented Labour Markets and the Persistence of Tier – labour Contracts [J]. American Agricultural Economics Association, 2002 (2).

转的初期阶段，特别是对于农地流转的法律法规尚不明确、政策方向等尚不明朗的时期，这些宏观方面的讨论是必要的，对于推动土地流转的合法化、规模化有着重要意义，事实上，农村土地流转的从禁到开、规模从小到大，一方面源自承包农户土地流转的实践活动，另一方面也是这些偏于宏观的研究着力推动的结果。但是，当前农地流转已经走到了一个新的阶段，相应的研究不宜再局限于宏观方面，而应当对于具体的技术性的问题开展讨论。

二是偏于对策，少于理论。多数研究是对现行农地流转政策的评价，对农地流转现状的解释，较少建立系统的理论框架，缺乏一定的分析深度。事实上，无论是马克思主义经济学还是西方经济学，对于土地、产权、价格（地租）、市场流通机制等方面的讨论，都直接或间接地为农地流转公开市场的构建提供了理论依据。分析挖掘这些理论对于农地流转的现代意涵，将为设计农地流转公开市场的运行机制，提供有益的指导。

三是偏重现象研究，缺少机制研究。集中于对农地流转现象的讨论，对于如何通过具体的运作机制开展农地流转，则缺乏深入的研究。这导致大部分研究是规范性研究，对政策建议的"应然"方面研究较少，而缺乏对农地流转市场的实际运作的研究。

本书将在现有研究的基础上，力图对当前研究中存在的不足有所弥补。更加侧重中微观层面，对农地流转的现实情况做出实事求是的分析，深入剖析农地流转活动中存在的突出问题。更加侧重农地流转的理论支撑，包括马克思土地及市场理论对于农地流转价格确定、流转的市场化方式的指导，西方经济学产权理论、市场理论、制度变迁理论中可资借鉴的方面进行分析。更加侧重对市场机制方面的分析和设计。农地流转公开市场是一系列机制的总和，是形成和推动农地流转公开市场顺利运行的一系列主体关系、制度功能及其相互关系等，研究这些内在机制是推动农地流转按照市场化规范健康有序运行的重要方面。

▓ 1.4　研究方法

本书主要采用了文献梳理与文本解读、规范研究与实证研究结合、国际与国内比较分析等研究方法。

1.4.1　文献梳理与文本解读

本书对马克思的土地理论、产权理论、市场理论进行认真梳理与剖析，深入挖掘其核心思想，作为本书的理论基础。同时，分析和借鉴西方经济学关于土地产权、公开市场等的理论，探讨应用于我国农地流转公开市场建设的可能性。还将对新中国成立特别是改革开放以来，中共中央、国务院发布的关于农地流转的政策文本进行解读。

1.4.2　规范与实证研究结合

在规范分析方面，注重对农地流转公开市场建设的理论分析，总结具有普适性的普遍规律、一般原则和通用机制。同时，在研究中结合我国区域性农地流转市场建设的实际，对农村地区农地流转市场的现状、问题等进行调研分析，探索农地流转公开市场建设的市场条件、运行机制及对策等。

1.4.3　国际与国内比较研究

本书将深入考察国外农地交易市场建设的经验，总结吸收其借鉴意义。这些经验包括地多人少的欧美等国家，也包括地少人多的日本等东亚国家。结合笔者对我国台湾地区历次土地改革的研究，吸收其在促进农地流转市场建设中的积极经验。

■ 1.5　逻辑结构及研究内容

1.5.1　逻辑结构

本书基于国内外学者的研究，结合中国农地流转的实际，对我国农地承包权和经营权流转公开市场的概念、本质属性、基本内涵、运行机制等进行深入分析和研究。一是对马克思土地市场理论的系统梳理和总结。马克思土地市场理论是指导我国农地流转公开市场建设的基本理论，主要包括地租、产权、地价、市场理论等。对于这些理论，马克思都分别做了精辟的论述，形成了各自相对独立的理论体系。但是，在马克思的原著中，由于论题的不同和叙述的需要，这些理论之间的关联并不是直接给出的。需要进行系统梳理和分析，依据马克思的总体思想和著作思路，做出合理的总结和概括，对改革当前我国农地流转制度，推进农地流转公开市场建设具有针对意义的指导。二是我国农地流转公开市场运行机制设计。农地流转公开市场是否健全完善，不在于是否有固定的交易场所，不在于有形市场的建立，而是取决于能否通过一系列的运行机制设计，体现市场的"公开"属性。具体地，包括市场主体地位的平等性保障、市场机制在土地资源配置中起决定性作用，解决交易双方的市场信息不对称问题，正确处理政府和市场的关系问题等方面。

本书基于实践、理论和机制等方面的分析，建立一个农地流转公开市场建设的基本分析框架，如图1-1所示。

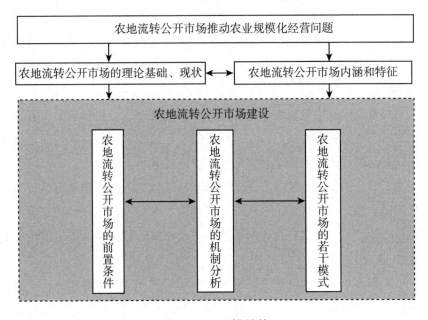

图1-1 逻辑结构

本书的主要研究难点在于，如何在公开市场的基本属性和中国农地流转的特殊国情之间找到契合点。我国的农地流转市场具有商品、权利交换市场的一般属性，同时农地流转市场作为一种要素市场，也具有要素市场的特性，土地资源的稀缺性也使这种特性更加突出。而且，我国的农地流转并不是所有权的流转，而是土地经营权的流转，涉及基层政府、村集体经济组织、农户等多方产权占有主体，具有一定的特殊性。城乡二元结构是我国的基本国情，在农村劳动力充裕、就业不充分、农村社会保障体系不健全的情况下，推进我国的农地流转市场建设，必然会产生这样或那样的问题。因此，土地承包权和经营权的特殊性决定了我国农地流转市场是特殊的产权市场，既不能按照商品市场模式建立，也不能按照一般产权市场模式建立，应当从实际出发，以家庭承包经营户为流转主体，以土地承包权和经营权为交易客体，按照权属明晰、方式灵活、用途限定、强化管理的要求，发挥市场在资源配置中的决定性作用，按照依法、自愿、有偿原则建立农地流转公开市场。

1.5.2 研究内容

本书除第 1 章绪论与第 8 章结论外，由 6 章内容组成。绪论部分主要分析了选题背景、理论和实际意义、研究现状、方法、内容以及逻辑结构等。

第 2 章，中国农地流转市场的发展现状和问题。分析概括中国农地流转政策的演进过程和阶段性特征，对中国农地流转市场的现状与问题做出判断，并总结国内外农地流转市场的实践与启示。

第 3 章，中国农地流转公开市场的理论基础。主要梳理马克思土地及市场理论，包括地租理论、产权及地权理论、市场理论，分析马克思土地及市场理论的当代意义；比较和借鉴西方经济学产权理论、市场理论、制度变迁理论等。

第 4 章，中国农地流转公开市场的内涵与特征。界定农地流转、地权市场化、公开市场等基本概念，对农地流转公开市场的特征进行描述，并分析非公开市场的缺陷。

第5章，中国农地流转公开市场的前置条件。分析建立农地流转市场的农地产权物权化、农地流转供求规模、农村社会保障体系的健全状况等。

第6章，中国农地流转公开市场的机制分析。对农地流转的市场主体、信息流通机制、价格形成机制等进行分析。

第7章，中国农地流转公开市场的构建模式及对策。主要分析农地流转方式实现的市场环境或载体，将农地公开市场分为有形市场和无形市场两种，包括规范化交易、农村产权交易平台、实体化的土地银行、土地股份合作等模式。提出公开市场建设的对策。

1.6 主要创新点

1. 在农地流转语境下对"公开市场"进行新界定

"公开市场"是一个指称宽泛的经济学概念，在不同的研究范畴中有不同的具体含义。如在货币银行学中，有"公开市场业务"[①] 的概念，在房地产估价研究领域，人们对"公开市场价值"[②] 进行深入讨论。在不同的研究领域，"公开市场"均被赋予特定的内涵。本书在农地流转的研究框架下，把握"使市场在资源配置中起决定性作用"，对"公开市场"的概念和属性进行界定和深入分析。所谓的农地流转公开市场，就是适应我国农村土地制度的当前情形，在坚持农村家庭承包经营制度的前提下，按照公开市场假设的一般要求，构建一个流转主体地位平等、流转竞争充

---

① 公开市场业务，是中央银行吞吐基础货币，调节市场流动性的主要货币政策工具，通过中央银行与指定交易商进行有价证券和外汇交易，实现货币政策调控目标。这里，公开市场已经被工具化，但是，业务操作过程则隐含了公开市场的基本要素，即竞争性、主体平等、市场定价、自由交易、信息公开等。

② 公开市场价值，是指在下列交易条件下最可能实现的价格：（1）交易双方是自愿地进行交易的——卖方并不是被迫将房地产卖给特定的买方，买方也不是被迫从特定的卖方购买房地产；（2）交易双方进行交易的目的是追求各自利益的最大化；（3）交易双方具有必要的专业知识并了解交易对象；（4）交易双方掌握必要的市场信息；（5）交易双方有较充裕的时间进行交易；（6）不存在买方因特殊兴趣而给予附加出价。

分、信息流通通畅、流转价格由市场决定的土地流转载体。

2. 探索提出整体性的农地流转公开市场运行机制

农村土地流转公开市场在空间上可以理解为一个场所、一种载体，在运行上则是由一系列市场机制构成的集合。这些机制包括了市场主体之间的关系和制约机制、土地流转的价格形成机制、信息的形成和交换机制，以及交易费用的控制机制等。这些机制不是独立的存在，而是相互联结、相互影响、相互作用。市场主体的地位决定了土地流转价格的形成机制，何种市场主体居于主导地位或在价格形成中具有决定性作用，影响着最终的农地流转价格。各类土地流转信息的充分与否、在各市场主体之间的信息对称情况，也对农地交易能否完成、流转价格、交易费用等产生影响。本书对这些公开市场运行机制进行研究，分析其相互影响和制约关系，提出适宜我国农地流转情形的运行机制。

第2章

中国农地流转市场的发展现状和问题

中国的农村土地流转是一个历史问题，更是一个现实问题。从历史看，农村土地流转经历了曲折的变迁过程，其中的经验值得总结、教训应当汲取；从现实看，农村土地流转又处于事关农村经济发展全局的关键时期，必须正确认识分析现状，借鉴国外先进经验，为中国土地流转公开市场制度设计提供数据和经验支撑。

▊ 2.1 中国农地流转市场的制度变迁

1949 年以来，在不同的历史时期，我国的农村土地制度发生了一系列重要变革，其间，土地流转制度也经历了曲折的变迁。从政策和法律层面看，农地流转经历了从允许到不允许、再到允许的反复过程；在土地流转形式上，经历了从单一形式到多样化的转变；在流转规模和期限上，经历了从零星流转到大规模流转，从短期、临时到长期、长久的转变；流转行为也逐步趋于规范。伴随着农村改革的进程，我国农地流转制度的变迁主要可以归结为以下几个阶段。①

---

① 刘润秋编著. 中国农村土地流转制度研究［M］. 北京：经济管理出版社 2012：41.

2.1.1 自由流转阶段 (1949～1955 年)

经过新中国成立初期的土地改革运动，封建地主土地所有制被彻底废除，土地和其他生产资料无偿分配给农民，形成了自耕农土地私有制。根据 1950 年《中华人民共和国土地改革法》，土改完成后，人民政府向农民发放土地所有证，土地所有者拥有自由经营、买卖和出租其所获得的土地的权利。这一时期，农村土地的产权形式是小自耕农土地私有制，土地是可以自由流转的，农户根据自身的耕种能力等情况，可以自由支配土地，开展互换、买卖等土地流转活动。但是，由于当时农村的生产力低下，加之农民刚刚获得土地，对土地的依赖性大，农地流转的规模较小，流转频率也较低。

新中国成立初期的土地改革，是一次以无偿、平均形式向广大农民分配土地等生产资料的运动。由于人多地少的基本国情，在我国农村形成了农户私有和经营小块土地的小农经济结构。农民"耕者有其田"的理想得以实现，极大地解放和发展了土地的生产力。但是，小农生产方式所固有的经营规模小、生产方式落后、生产效率低等局限性也逐步显现出来。同时，在当时的历史条件下，在从新民主主义加快向社会主义过渡的过程中，农村出现了被认为非常严重的新的贫富差距，提出了变革农村土地制度的要求。

2.1.2 禁止流转阶段 (1956～1977 年)

20 世纪 50 年代初期，完成土地改革的地区逐步开始了农业互助合作运动，高级形式是以土地入股加入农业生产合作社。农业合作化运动和其后的人民公社运动，在短时间内把农民的私有土地收归集体，改造为"三级所有、队为基础"的农村集体土地所有制。到 1956 年，我国对资本主义工商业、个体农业和手工业的社会主义改造任务基本完成。当年公布的《高级农业生产合作社示范章程》规定，合作社社员私人占有的土地等生产资料要转为集体所有，合作社组织集体生产劳动，实行各尽所能、按劳取酬的分配制度。高级农业合作社基本消灭了农村的土地私人所有制，合作社集体所有成为主要的土地所有制形式。后来的人民公社运动，进一步确立农村的土地所有和生产经营制度是三级所有、队为基础。1961 年的《农村人民公社工作条例（修正草案）》规定，"生产队范围内的土地，都归生产队所有。生产队所有的土地，包括社员的自留地、自留山、宅基地等，一律不准出租和买卖。"这一时期，由于实行土地集体所有，社员集体劳动取得报酬，对土地没有支配权，集体也不得出租和买卖土地，因此土地流转是被禁止的。但是合作社或公社社员拥有对房屋的永久私有权，《农村人民公社工作条例（修正草案）》规定："社员的房屋，永远归社员所有，社员有买卖或者租赁房屋的权利。"①

这一阶段，农村土地制度发生了重大变革，新中国成立后形成的小自耕农土地私有制仅维持了 7 年，即被合作化运动和以后的人民公社运动消灭。取而代之的是"三级所有"的农村土地集体所有制。在这种土地制度下，土地收归集体所有，农民作为合作社或人民公社社员从事集体生产，劳动报酬低且缺乏相应激励措施，使农民的生产积极性受到严重挫伤。农村集体土地不准买卖和出租，在生产队、生产大队、人民公社之间，土地和其他生产资料可以进行无偿调配，土地的实际价值被严重低估，土地资源在很大程度上被错配。

2.1.3 地下流转阶段（1978～1983 年）

这一阶段，我国的农村土地和生产经营制度的最大变化是从土地集体所有、社员集体生产转变为土地集体所有、家庭承包经营。"包产到户"是小岗村农民自发开展的土地经营方式的实验，1982 年，家庭承包责任制得到中央农村工作会议的认可；1984 年，家庭联产承包责任制在全国普遍建立。在农村土地流转政策的实际执行上也开始有所松动，实践上出现了小规模的私下流转行为。

所谓的家庭联产承包责任制，就是在保持土地集体所有制性质，以家

---

① 刘润秋编著. 中国农村土地流转制度研究［M］. 北京：经济管理出版社 2012：42－43.

庭为单位承包经营土地，形成的"所有权归集体，经营权归农户"的两权分离结构。这种土地所有权和使用权分离的制度安排，在制度层面为农村土地的自由流转提供了可能。但是，由于历史的局限，当时的法律和政策仍然明确禁止农村土地流转。1982年《中华人民共和国宪法》第十条第四款规定："任何组织或者个人不得侵占、买卖、出租或者以其他形式非法转让土地。"1982年《全国农村工作会议纪要》也规定，社员的承包地不允许买卖、出租、转让，也不允许荒废，集体有权收回违规经营的土地；社员不再从事土地生产经营的，应当把承包地退还给集体。事实上，我国农村经济发展中存在着土地流转的现实需求，在法律和政策不允许的情况下，这一时期的土地流转是在农户之间私下进行的。同时，随着经济发展和改革的深入，家庭承包经营责任制导致的农户土地经营规模小、土地细碎、农业经营效率偏低等问题逐渐突出，也对农村土地规模化经营提出了要求。

2.1.4 自发流转阶段（1984～2007年）

针对农村土地流转的现实需求，国家开始对农村土地流转的政策进行调整，针对满足某些条件的情况允许承包地交还集体或自行协商转包。《关于一九八四年农村工作的通知》提出，鼓励农村土地向种田能手集中。对于在土地承包期内，社员无力耕种或不再从事农业生产的，可以把承包的土地交给集体统一安排，也可以经同意后自找转包对象，转包条件由双方商定。这个中央一号文件，仍然坚持农村土地不得自由流转的基本原则，不准私自买卖、出租承包地或自留地，更不得用作宅基地或转为其他非农用途，这是文件的历史局限性。但是，中央又看到了农村土地规模化经营的趋势，在文件中鼓励土地向种田能手集中，作为一种可行的途径，可以将那些社员退还集体的承包地转包给种植大户。中央对土地流转政策的有条件放开，为日后我国的农村土地流转开辟了实验性的工作。

从20世纪80年代中期开始，我国农村加快了工业化进程，各种村办、乡办工业企业大量涌现，乡镇企业异军突起。乡镇企业的兴起，使农户出现较大的分化，一些农户进入乡镇企业从事工业产业，无力耕种承包地，但出于生活保障和缴纳国家征购粮的需要，不愿意放弃土地。另一些种植大户或种田能手想达到土地规模经营却得不到土地，产生了土地流转的迫切要求。一些地方的村集体为完成国家粮食上缴任务，将务工农民的承包地集中转包给若干规模化经营户，并给予一定补贴，由规模化经营户完成粮食上缴任务。1987 年，中央发出《把农村改革引向深入》的通知，提出在北京、天津、上海的郊区，苏南和珠三角地区分别选择 1~2 个县，试办家庭农场、合作农场，或开展多种形式的专业承包，鼓励各地探索土地集约经营的经验。国务院同时批准建立农村改革试验区，在全国 30 个试验区内出现了山东平度"两田制"试验、贵州湄潭"增人不增地，减人不减地"的土地制度改革试验、苏南地区土地适度规模经营试验、广东南海农村土地股份合作等土地改革试验，探索了丰富的农地流转新模式、新经验。

在这些探索实践基础上，国家制定了指导农地流转的政策文件。如 2001 年《关于做好农户承包地使用权流转工作的通知》，规定了土地流转的原则及程序等。2002 年《中华人民共和国农村土地承包法》、2005 年《农村土地承包经营权流转管理办法》（以下简称《管理办法》）都明确规定土地承包经营权可以依法、自愿、有偿流转，《管理办法》详细规定了农地流转的原则、流转方式、合同签订、流转管理等内容，并明确了各种土地流转形式的定义。

这一时期，东部发达地区的农村土地流转开始呈现出多样化的趋势，而在大多数中、西部传统农业省区，农户之间的自发流转仍是土地流转的主要方式。总体看，农地流转的规模不大，流转速度在初期一直比较缓慢，从 1992 年起流转的速度才有所加快。

2.1.5　规范流转阶段（2008 年至今）

2008 年党的十七届三中全会《中共中央关于推进农村改革发展若干重大问题的决定》提出，"土地承包关系要保持稳定并长久不变""允许农民以转包、出租、互换、转让、股份合作等形式流转土地承包经营权"等改革思路。探索完善农村土地流转制度，成为一个时期内农村经济改革和发展的重心。2013 年，党的十八届三中全会《中共中央关于全面深化改革若干重大问题的决定》，也对农村土地流转制度改革进一步明确，提出鼓励承包经营权在公开市场上流转。[①]

在农村土地流转问题上，两次三中全会体现了新的政策突破和制度安排。党的十七届三中全会提出土地承包关系保持"长久不变"，建立健全土地承包经营流转市场，依法保障农民对承包地的占有、使用、收益等权利。党的十八届三中全会《中共中央关于全面深化改革若干重大问题的决定》提出，农村土地承包经营权可以进行抵押、担保，农民土地产权的权能更加丰富，也赋予了农村土地的更加明确的资产属性。中央文件同时也明确，坚持农村土地集体所有制，再次重申土地流转的三个"禁区"，即不得改变土地集体所有的性质、不得改变土地用途、不得损害农民土地承包权益，体现了在农村土地改革上较为谨慎的态度。

两次三中全会对于我国农村土地流转制度的推进和完善有着深远的影响。地方政府纷纷制定相关配套措施、出台地方法规用以规范和推动农地流转，各地积极开展了流转试点，农地流转的模式不断创新，土地流转的规模不断扩大，土地流转速度加快。我国农村土地流转制度改革进一步深化，户籍制度改革、社会保障制度改革等综合配套改革也逐步深入，以土地产权制度改革、土地流转制度改革为核心的农村改革，正在对中国农村以至整体经济社会发展产生重大影响。

2.2 中国农地流转市场的现状与问题

分析中国农地流转市场的发展现状，基本上呈现出流转规模日趋扩大、流转方式日益丰富、市场取向逐步明确等积极特征。同时，一些长期

---

① 《中共中央关于全面深化改革若干重大问题的决定》提出：稳定农村土地承包关系并保持长久不变，赋予农民对承包地占有、使用、收益、流转及承包经营权抵押、担保权能，允许农民以承包经营权入股发展农业产业化经营。鼓励承包经营权在公开市场上向专业大户、家庭农场、农民合作社、农业企业流转，发展多种形式规模经营。

未决的固有问题仍然存在，也出现一些市场化进程急剧变化中的新问题，特别是制度性问题。

2.2.1　中国农地流转市场的整体状况

1. 农地流转总体规模扩大

根据农业部的数据，截至 2015 年末，全国家庭承包耕地流转面积累计达到 4.47 亿亩，占家庭承包经营耕地总面积的 1/3，流转合同签订率达到 67.8%。2014 年，家庭承包经营耕地面积的 30.4% 参与了流转，高出上年 4.7 个百分点。流转出承包耕地的农户达 5800 余万户，占家庭承包农户数的 1/4 以上，比上年提高 2.4 个百分点。其中，有 8 个省市家庭承包耕地流转比例达 35% 以上，分别是：上海 71.5%、江苏 58.4%、北京 52.0%、黑龙江 50.3%、浙江 48.0%、安徽 41.0%、重庆 39.7%、河南 37.1%。[①]

2. 发达地区农地流转比例高

不同时点的调查数据均表明，经济相对发达地区的农地流转比例较高。例如，2011 年 6 月，江苏常熟农地流转总面积为 37.15 万亩，流转总量占全市农户承包耕地的 73%。2010 年底，江苏太仓累计流转土地面积 28 万亩，占全市农村土地总面积的 80%。[②] 截至 2009 年底，浙江省农地流转总面积为 633.5 万亩，占全省总承包地面积的 32%；流出土地 323 万户，占家庭土地承包经营总农户的 34.5%，大大高于全国的平均水平。此外，国研中心农村经济部调查了全国近 2750 个村庄的土地流转情况，平均每村有 1/5 的农户进行了土地流转；相比而言，东部地区的农地流转比例相对较高，平均每村流转农户的比例超过了 27%，中、西部地区土地流转农户的比重约为 12% 和 14%。[③]

---

① 梁占强. 关于对农村土地承包经营权流转问题的思考——以石家庄为例 [J]. 中共石家庄市委党校学报，2016 (1).

② 张云华. 我国农地流转的情况与对策 [J]. 中国国情国力，2012 (2).

③ 张云华等. 中国农地流转问题调查 [M]. 上海：上海远东出版社，2012：12.

3. 农地流转向规模化转变

通过农地流转促进土地整理和土地集中，是推进农业规模化、产业化经营的重要方式。通过农地流转，2011 年上半年江苏省苏州市的农业适度规模经营比例达到 76%。常熟市农地规模经营总面积为 41.87 万亩，占全市农地总面积的 75.8%，规模经营单位达 895 个，平均经营面积为 257亩，该市有 45 个村参与土地规模经营，面积达 3.59 万亩。昆山市的农地流转比例已达 90% 以上，20 多万亩耕地由 2950 个承包大户耕作，改变了以前小农生产的格局。张云华课题组调查的 69 个村中，转入农户的最大经营面积平均为约 86 亩；转入耕地公司的最大经营面积平均约 318 亩。①

4. 方式以转包出租为主

在我国农地流转的转包、出租、转让、互换、股份合作等形式中，转包和出租两种形式占了最大比重。转包和出租在本质上并无区别，都是土地承包农户把承包地的使用权转让给其他个人或组织，区别是转包限于把承包地转给本集体经济组织内的其他成员，出租则是指租赁给本集体经济组织以外的个人或组织。2011 年上半年的数据表明，全国农村土地转包的比例达到 51%，土地出租的比例达到 27%，二者合计高达 78%，其他流转形式的比例相当，各类流转形式均在 5% 左右。此外，股份合作的流转方式也开始逐步增加，2011 年上半年全国股份合作形式的流转面积接近1300 万亩，浙江、苏州、成都、上海等发达省市的土地股份合作形式的流转发展较快。如苏州明确把土地股份合作作为规范土地流转的重要方式，对整村流转和组建土地股份合作社给予财政补贴的政策支持，全市成立了大量土地股份合作社，入股土地的面积占到了流转土地总面积的一半以上。

5. 农地流转市场初步建立

随着农地流转规模的逐步扩大，一些地区先后建立了一批农地流转服

---

① 在转入耕地的 8 个农民合作社中，有 3 个合作社的最大经营面积为 100～200 亩，2 个社的最大经营面积为 200～500 亩，1 个社的最大经营面积超过 500 亩。

务机构，这些服务机构名称各异，如农村土地交易所、土地流转服务中心、农地承包经营权交易市场等，但其核心内容都是为农地流转提供供求对接、交易、鉴证等服务。据农业部的统计，截至2015年底，已有1230余个县（市）、17800多个乡镇组建了农地流转服务机构，初步形成了包括村级信息员、乡镇服务窗口、县市流转大厅等的农地流转管理服务体系[①]。浙江嘉兴、江苏苏州、黑龙江黑河、四川成都等地从2008年前后开始探索建立农地流转平台。嘉兴市探索建立了县、乡、村三级农地流转服务平台，该市辖内的海盐县组建了农地流转和产权交易中心，在各乡镇建设了农地流转服务中心分中心，在各村设立农地流转服务站。三级流转服务平台，集合了供求双方的信息，同时提供政策发布、法律咨询、辅导合同签订、价格指导等相关服务。在流转市场上，实物作价、保底分红等价格形成机制正在逐步完善，分类定价机制已经初步形成，价格调整机制正在健全完善。农地流转市场的建立，对于促进农地有序流转、降低交易成本、规范流转行为发挥了重要作用。

2.2.2 中国农地流转的几种方式

中国农村土地流转的形式正逐渐趋向多样化。2008年《中共中央关于推进农村改革发展若干重大问题的决定》，不仅确认了各地农村中事实上已经广泛开展的更多土地流转形式，也为农地流转形式留下了更多的创新空间。2012年中央一号文件进一步明确提出发展多种形式的适度规模经营，促进农业生产经营模式创新。[②] 除了转让、转包、出租等传统流转形式，其他的农村土地流转方式还有"反租倒包"、承包经营权抵押、"两田制""股田制""土地换社保"等。

1. 转包、互换、出租、转让

改革开放初期，我国的法律法规和政策禁止农村土地流转。但是，由

---

① 农业部相关负责人就《农村土地经营权流转交易市场运行规范（试行）》答记者问［J］. 农村经营管理，2016（8）.

② 刘润秋编著. 中国农村土地流转制度研究［M］. 北京：经济管理出版社，2012：59－60.

于农户之间存在着土地流转的客观要求，土地流转一般以代耕的形式出现。所谓的代耕，就是无力耕种或无意愿耕种的农户，把承包地交由其他农户（一般是本集体经济组织，如本村的农户）代耕、代种，双方协商代耕条件。在这种代耕情况下，承包经营户要支付给代耕农户一定的经济补偿，或者分享土地收益。代耕不存在承包权和经营权的让渡行为，只是土地生产经营活动所需付出的劳动的代替。所以，一般认为代耕并不是一种典型的土地流转方式。农村土地流转是随着国内经济的发展，尤其是工业化过程中农业地位相对削弱、农民非农就业人员增多、农村土地出现相对剩余的情况下发展起来的。由于经济条件的这种变化，国家关于农村土地流转的政策也在逐步放宽，农村土地流转的方式也更加多样，一般有以下几种形式。

（1）转包。按照《农村土地承包经营权流转管理办法》，转包是在同一集体经济组织的两个承包方，一方（转包方）把已经承包的部分或全部土地转给另一方（接包方），土地转包后仍保持原有的土地承包关系，转包方按原有合同行使权利、履行义务，双方另行约定转包的条件，接包方按照转包合同向转包方负责。

（2）互换。互换是一种简单的土地流转活动，是农户对集体发包制度和发包结果的一种自发调整。集体发包的一个主要原则是平均化，即面向集体农户发包土地时，根据土地肥瘠、地理位置远近等因素进行优劣搭配，往往造成农户承包的土地不连片、距离居住地较远，造成耕种不便。为了更方便地进行耕作，或者实现规模化经营等原因，统一集体经济组织内的农户互相交换地块和承包权，自发地解决土地细碎化和经营分散的问题。

（3）出租。按照《农村土地承包经营权流转管理办法》，出租是指在一定期限内，承包人将土地承包经营权租赁给其他集体经济组织或个人从事农业生产经营，并收取租赁费用的活动。土地承包经营权的出租或转包在农村都很普遍，其含义很难区分，因此有的学者提出农村土地流转方式中应保留出租同时删掉转包。或者删掉出租同时保留转包。出租和转包的区别在于，转出方和转入方是不是属于同一集体经济组织。

（4）转让。指承包方由于有稳定的非农收入来源，不再或不再完全从事农业生产，经承包方申请和发包方同意，把承包土地让渡给其他农户从事农业生产经营。转让后出让方的土地承包关系终止，新的受让方履行相应的土地承包合同权利和义务。一些学者对此提出异议，认为转让实质上是对土地承包经营权的卖断，违背了设立土地承包经营权的目的，在实际中选择这种流转方式的农户也很少，因此认为应该取消转让这种流转方式。

2. "反租倒包"

"反租倒包"是一种农村土地流转创新模式，在政策和实践操作中曾经引起争论和反复。"反租倒包"的具体操作方式在各地有所差异，通常的做法是村集体组织把农民的承包地以租赁形式集中起来，由村委会统一支配使用（称为反租），村集体对土地进行平整、规划、连片，再将整理后的土地承包给农业经营大户或者从事农业经营的公司（称为倒包），收取租金等收入。

"反租倒包"作为一种自发产生的流转方式，是在家庭承包和双层经营体制内对土地经营方式进行创新，对推动农业规模经营和促进农民增收等方面收效明显，但这一制度创新基于其本身的运作特点也带来了相应的副作用。由于"反租倒包"一般由村委会或乡镇政府出面租赁农户的承包地，再进行转租或发包，行政介入的环节很容易出现违背农民意愿、强制性流转等问题，最终侵犯农民的承包权和经营权，损害农民利益。为此，中央曾发文明确禁止"反租倒包"，学术界也开始从不同角度对"反租倒包"进行重新审视。"反租倒包"模式在实践中的不断演化及其在政策上的反复和理论上的争鸣，反映了我国土地流转自发性、渐进性的制度创新特征。

3. 承包经营权抵押

党的十七届三中全会的决定，在农地承包经营权流转方式中并没有提到土地承包经营权的抵押。农村金融对农业发展和农民增收的支持力度严重不够，在学术界已经达成共识，有学者也对此进行了验证；缺少抵押品和担保机制是当前阻碍农村金融发展的主要"瓶颈"，也是不争的事实。

党的十八届三中全会的决定则明确赋予农民对承包地流转及承包经营权抵押、担保权能。

4. "两田制"

"两田制"是家庭承包制改革后中国最重要的农村土地制度创新之一。"两田制"把土地分为"口粮田"和"责任田",主要是为了解决负担不均和完成农产品定购任务难等问题。其基本形式是按人口平均分配口粮田,作为农民的基本生活和社会保障,体现公平与福利原则;承包田则由农民根据自有经营能力投标承包或租赁经营,体现效益原则。口粮田的负担(承包费与农业税)低于责任田。由于与均田承包制相比,"两田制"具有较高的生产与收益分配效率,且收益与成本具有非对称性。集体和地方政府成为这一制度创新的最大受益者,集体和地方政府的积极推动使"两田制"在几年内迅速扩散到全国约 1/3 的村社①。由于在"两田制"推行过程中,曾出现基层政府和村委会等不经农民同意,强制性收回承包地的现象,遭到部分农民的抵制,继而被明令禁止。②然而,"两田制"并未随着中央文件的强制取缔而退出历史舞台,随着土地制度改革的深入,一些地方再次出现"两田制"。这些实施"两田制"的地方都取得了一定的成效。在新的背景下,"两田制"在一些地方卷土重来,并取得了一定成效。然而"两田制"的发展并非一帆风顺。

"两田制"虽然由于其运行中的缺陷而一度被政策禁止,但它作为一种农村制度创新模式,仍然有其借鉴意义。"两田制"模式兼顾了效率与公平,为土地流转释放了空间,又为集体统筹预留了余地,两田互相转换的机制也增加了现有农村土地制度的灵活性。但"两田制"在具体执行过程中有可能被异化。在探索"两田制"的过程中,必须要完善和严格其运行机制,克服其制度缺陷,保障农民的正当权益。

---

① 姜海,曲福田."两田制"变迁的经济解释 [J]. 山东农业大学学报(社会科学版),2007(4).

② 《中共中央办公厅、国务院办公厅关于进一步稳定和完善农村土地承包关系的通知》于1997年6月24日发布,通知指出:中央不提倡实行"两田制",没有实行"两田制"的地方不要再搞,已经实行的必须按中央的土地承包政策认真进行整顿。

5. "股田制"

"股田制"又被称为土地股份制或农村土地股份合作制。最先实行"股田制"的是广东省南海区,此后全国很多地方都相继实行这一土地流转制度。"股田制"分为开放式股田制和封闭式股田制,前者在公开竞争投包时,本村组之外的企业或个人可获得土地的实际使用权;后者在土地实际使用权竞包时只面向本村组农民或企业。

6. 土地换社保

近几年的农村土地流转改革中,又出现了与土地流转和户籍制度改革相结合的"宅基地换房、土地换社保"等方式。一般做法是,农民以户为单位,通过放弃承包地和宅基地,农民转为城镇户口,农民的土地和房屋得到补偿,继续享有农村合作医疗,著名的如"双溪模式"。目前,学界对"土地换保障"有较大争议。如郑雄飞(2009)认为,政府有责任向农民提供基本保障,以农民自己的土地权利置换基于公民权的社会保障没有伦理基础。"土地换保障"不能用于置换基本保障,但可以换补充保障,利用地上权利及其资产收益来增加农民的非基本保障利益①。温铁军认为,在全国城乡一体的社保体系尚未健全的情况下,在城市郊区和某些发达地区试行"土地换社保"也许可行,但在把农村社区整体转为城市居委会、把农民同时变为城镇人口时,则需要付出高额的制度转换成本。② 社保以土地为条件是对农民的另一种差别待遇,"土地换社保"操作不好,很有可能变成另一场以"城市化"名义对农民进一步剥夺的运动。③

2.2.3　中国农地流转市场的制度性问题

农地交易在中国当前的土地制度框架下,还面临着较多的制度性约

---

① 郑雄飞. 从"他物权"看"土地换保障"——一个法社会学的分析 [J]. 社会学研究, 2009 (3).

② 温铁军. 农村税费改革及"后税费时代"相关问题分析 [J]. 税务研究, 2006 (7).

③ 刘润秋编著. 中国农村土地流转制度研究 [M]. 北京:经济管理出版社, 2012:82.

束。市场化进程中的固有的和新生的制度障碍，加大了农地流转的难度，降低了土地资源的利用效率。

1. 农地流转主体非市场化

20 世纪 80 年代中后期，工业化和城镇化不断地加速进程，大量的农村富余劳动力离开土地、从事非农产业，但是农地制度并没有及时跟进改革，阻碍着农村土地的流转。农村土地流转影响土地市场交易和经济效率的途径表现为两种效应：一是"交易收益效应"，农地可以在市场上自由转让、并获得高于目前对土地投资的收益的未来预期，使农户加大对承包地的资金、人力和物力投入；二是"边际产出拉平效应"，农地的自由流转能够改善劳动投入和土地投资的配置效率。清晰的产权是市场发挥作用的前提，转让权是一种处置权，如果土地的使用权和收益权不能清晰界定，也势必会使转让权受到限制。

产权制度不完善是我国农村土地流转的最大障碍。土地产权关系不清，使参与土地流转的各方不能成为真正的市场交易主体。按照市场机制的一般要求，市场交易主体应当对交易的对象具有完全的控制权，有占有、使用、从中获取收益的权利，并能够对资产或权利等进行处分。在农村土地承包经营权确权、颁证之前，在产权关系方面，土地所有者和使用者、土地使用者之间的关系是不明晰的，谁行使产权行为，谁为这种行为担责，谁又可以从中得利，这些权利义务关系不对等、不匹配。例如，农户的土地承包经营权往往受到基层政府和村集体经济组织的不适当干预，而基层政府、村委会等却不需为干预行为造成的损失承担责任。

2. 流转土地非价值化

长期以来，我国强调的是土地的生产资料属性，忽视甚至否定家庭土地承包权和经营权的价值属性与商品属性，从而使土地物权、土地租金、流转价格等概念被有意淡化。

因此，农户之间大多数的土地转包、互换、出租等流转活动，并不是真正意义上的使用权交易。出于保护耕地的需要，我国农村土地制度从土地用途、承包年限、流转期限、流转范围、征用转用等方面管理集体土地。集体土地基本不具备像国有土地产权那样完整的权能。目前也没有形成一个均衡价格的竞争性市场结构和理性的市场信息体系。土地流转只能是偶然地、按照不可预测的非市场因素来形成交易价格，在不少情况下，交易价格可能是双方不依据任何定价法则，通过口头讨价还价形成的。这样，由于没有合理的地价评估，没有规模化的流转交易价格参考，在很大程度上体现不出或扭曲了土地（在产权意义上是承包权和经营权）的实际价值。事实上，多数农地流转发生在同一集体经济组织之内，大多数的流转是非公开进行的、没有相对透明的市场价格。在转出的土地中，80% 以上的土地转包给亲友或同村的农户，其中超过半数是免费转包。

3. 农地流转交易的规则欠缺

目前，我国土地交易的各项法律、制度和条例等建设滞后，土地所有权的横向交易与使用权的纵向交易缺少市场规则规范，也缺少有效的监督机构保障市场运作，交易缺乏透明度、公平性。

一是农用地登记制度不健全。农村土地是一项内涵复杂的生产资料和资产，就每一个地块本身而言，农地有着多种自然属性，如所在位置、地块面积、肥瘠状况、土地用途等；就土地的产权而言，在土地权能分离的情况下，则所有权、使用权、处置权、收益权等分别属于不同的权利行使人。土地的自然属性和产权属性，必须以书面的形式科学地记载下来，完善的土地登记是明确土地状况、推动土地流转的重要前提。其中，地籍簿、宗地图和宗地权属证书等地籍资料，是土地资源管理的重要资料。由于历史遗留及其他原因，我国的农用地登记制度还不够完善，存在四至不清、产权不确、记载不连续、强制性不足等问题，这直接影响了土地开发利用和土地政策推行，也在土地流转中产生一些地权纠纷，影响了流转的顺利进行。

二是农地流转定价机制欠缺。价格是土地或其产权价值的体现，是农地流转的核心问题。当前，我国农村土地分等定级和价格评估在实际操作中还存在一些问题，部分地区没有按照科学的计算方法和衡量标准对农用地进行分等定级和估价。缺乏科学合理的农地价格参考体系。在农地流转价格的形成机制方面，也不能完全遵从市场化的定价方法，非经济因素的干预较多。

4. 中介服务机构缺乏

农村土地流转交易与普通商品交易存在很大差别，交易程序更为复杂，特别是使用权交易涉及多个主体，包括承包户、经营者和使用者，交易主体的素质参差不齐，大多数不能完全掌握复杂的交易程序，必须要有完善的中介机构提供相关服务。目前，农地流转中介服务机构还相对缺乏，组织机构规模小、机制不灵活、专业化程度低、内部管理不严、系统化建设不够。中介机构发展不足，造成流转双方一对一寻找交易对象，将花费较高的搜索成本、谈判成本和履约成本；或由村委会等包揽流转中介服务，村委会处于所有权代表人、发包方和中介机构的多重地位，容易干涉土地流转。在建立农村土地流转平台的地方，也往往是"硬件硬、软件软"，有形载体初具规模，但管理制度和交易规则不健全，服务的专业化、制度化、标准化建设水平不高。

5. 市场与政府的内在冲突

农村土地在所有制上是土地产权归乡、村集体经济组织所有，但是这种产权主体是虚化的。集体经济组织对土地的所有权不具有完全的排他性，往往受到行政力量的非市场行为的干预。集体土地处置的主动权掌握在政府手里，通过国家征用、产业结构调整，政府可以改变农村集体土地的归属，可以对土地使用权的转让设置条件，土地所有权或使用权已经不是完全市场意义上的物权或财产权。在土地流转中及土地征用中，各级政府同时充当土地供给者和需求者的角色，土地租金大部分被其土地批租的方式侵占。

2.3 部分国家和地区农地流转市场的实践

2.3.1 美国农地流转市场的实践

美国的农地允许私人所有，私人所有者对农地拥有完全的物权，可以通过市场进行自由交易，交易价格取决于土地市场的状况。农地进入交易市场后，基于地块的地理位置、周边环境、土地肥力和市场供求等因素形成交易价格，农地交易通过市场参与者的平等竞争实现，可以保障各方收益的最大化，避免了土地无偿使用产生的种种弊端。美国农场主对所经营土地的拥有情况分三种：一是拥有全部土地归自己所有；二是土地部分所有、部分租用；三是全部租种他人的土地。由于有着较为完善的土地交易市场，农场主对土地投资有稳定的预期，保证了土地利用效率的提高。

目前，美国约 30% 的土地归联邦政府所有，10% 的土地归州政府所有，私人所有的土地占近 60%①。私人和公有土地受到美国法律的严格保护，美国联邦或州政府无权干涉私人土地的买卖和出租行为。政府管理部门对私人土地有完整的登记记载，当双方的土地买卖或出租协议达成后，经报政府管理部门办理变更手续后，就完成了土地所有权的转移。私人土地交易价格完全由土地双方根据土地的经济价值进行评估，一旦交易双方发生争议，则通过法律途径解决。美国在联邦政府和地方政府设置有统一的机构，负责土地的管理、整治和利用。在联邦政府一级，内政部土地管理局负责管理联邦土地，印第安人事务管理局负责管理印第安人居留地的土地，规划委员会负责管理市镇的土地。

美国的农地管理经验主要体现在法制化、有偿化和国家扶持。一是完善的土地法律保护。美国针对土地的保护，制定了《基本农田保护条例》《美国统一协助搬迁和不动产收购法》等法律法规，伊利诺伊州制定了《土地强制征收法》，历史上形成了大量土地法律保护案例，对土地资源的利用、开发和保护发挥了重要作用。二是土地实行有偿使用。美国所有的土地使用都必须给予对价补偿，联邦政府修建铁路、公路等公用基础设施，占用州属或私人土地的，必须通过交换或购买方式获得。美国《财产法》规定，征用土地应当给予公平市场价格计算的"合理补偿"，包括土地现有价值和未来盈利的折现价值。在土地征用补偿时，也必须补偿因征用给邻近土地所有者造成的损失。三是国家给予资金扶持。美国联邦政府

---

① 中国新闻网 . 国外土地房产证明方式各异　日本土地使用期限无规定，http：//www.chinanews.com/house/2015/03 – 06/7107321.shtml

和州政府每年都拨出大量经费以保护土地资源，包括用于主要公共工程项目，以及为土地所有者提供资金、技术等援助，助其采取适当的水土保持措施。

美国土地市场给我们的启示。一是健全的市场机制能够提高土地资源配置效率。美国的土地是完全商品化的，发达的土地市场可以满足用地者的用地需求。因此，土地市场中产生寻租的机会较小，有利于企业间的公平竞争。而我国由于政府的管理权过大，管理范围较宽，曾一度出现"用地找市长不找市场"的局面，在土地使用权的获取方面寻租活动盛行，使有批地权的官员有机会从中获利，这不仅使出让土地数量失控，较低的出让价格也造成国有土地资产流失。二是土地管理部门的权威性。在美国，土地管理部门在土地管理上拥有完整的、绝对的权力，即使政府部门因公共利益需要而使用土地，也必须向土地管理局申请批准，并支付一定数额的租金。反观我国的土地管理体制，土地管理部门受同级政府领导，难以制约同级政府的土地违法行为，反而成为同级政府意志的执行者。

2.3.2 日本农地流转市场的实践

日本的土地所有制度是以私有制为主，大部分土地的所有权属于私人所有，也有部分土地属于国家所有或公共所有。大部分日本农民享有对土地的所有权，可以通过土地市场进行自由买卖和租赁，有着较为完善的流转制度。

一是有严格的土地产权保护法律。日本于1952年制定《农地法》，形成了对农地的私人产权的保护制度。此后，相继修改《农地法》、制定《农地利用增进事业法》《农业经营基础强化法》，解除了农户之间买卖和租赁土地的限制，允许土地自由流转，并从法律上进一步规范农民的土地权益。其中，《农业经营基础强化法》是促进农业规模化经营的一项法律，提出推动农地流动向"认定农业者"集中。所谓的认定农业者，是指国家对农户制定的5年期农业改善计划进行认定，认定农业者一般是耕种能手或农地规模化经营农户，政府对"认定农业者"给予一定的优惠政策支持。该制度保障了农地在农民之间的流转，促进土地向耕种能手集中，推动了土地规模化、产业化经营。

二是实行土地用途分区管制。日本对土地交易实行审批制度，严格控制农地转为城市建设、工商业等非农用地，明确限制土地的交易区域和交易资格。日本在城市实行区域划分制度，对于城市以外的农地，根据地理位置、土地肥力等因素被分为一类农地、二类农地和三类农地。一类农地原则上不允许转用作非农用地，三类农地允许转用。当三类农地转用存在困难时，允许二类农地转用为非农用地。

三是土地中介机构发挥重要作用。日本成立了大量农地保有合理化法人合作经济组织等农地流转中介组织。这些组织的主要业务是买入和租赁农地，再将农地转租给其他有土地需求的农户。在租金支付方式上，中介组织对农民一次性付清十年租金，农民支付租金的方式则是十年分期付清。日本还创设了农地集团所有权，这种集团所有权的形式是村民按份共有，可以避免地块细碎化。农地集团所有权促进了农民之间的农业生产合作，也是日本农地流转最重要的媒介，保证了流转的成功率。

2.3.3　中国台湾地区农地流转市场的实践

1. 以功能分区限定土地利用方式

中国台湾地区将全部土地划分为都市区和非都市区，限定不同区域的土地用途。划定范围后，一定区域内的土地利用活动是确定的，这样就起到了保护土地的作用。但值得注意的是，划定的功能分区必须与经济发展相适应，要制定有效、严格的变更制度，否则只会限制经济的发展。

2. 建立完备的土地登记法律制度

土地市场的运行离不开明晰的产权关系，稳定的产权关系需要以土地登记制度为基础。台湾地区较为完备的法律法规保障了的土地登记制度的完善，"土地管理法实施法""土地登记规则"和"地籍测量实施细则"等，对地籍整理、土地登记、土地登记专业代理、地籍测量等各个方面作了具体规定。

3. 建立科学合理的地价体系

台湾地区的地价体系十分完备，因不同的目的而制定相应的地价，并分别由中介组织和"政府"机构完成。台湾地区的地价体系中的各类价格，根据不同的估价精度要求，选择采用交易实例比较、收益资本化、土地开发分析等不同的方法。按照估价的实施机构不同，可以分为官方估价和民间估价两种，官方估价主要对大批量、大规模的土地进行定价评估，民间估价则主要针对小规模、特定的土地交易。各种地价种类互相配合，共同实现对不同经济关系的调整。

4. 大力发展中介估价机构

台湾地区制定了"不动产估价师法"及其实施细则，用以规范民间土地估价活动，并加强行业自律，强化执业人员的资格和规范股价活动。这些做法不仅推动了整个行业的发展，而且高素质的人员队伍已为土地市场的发展提供了必要的人力资源。这一点值得我们估价行业在进行管理和改革时借鉴。

第 3 章

中国农地流转公开市场的理论基础

土地是农业发展最重要的生产资料，关于土地及其制度安排，马克思理论和西方经济学理论均有丰富的论述。一方面，这些理论是在特定历史条件下产生的，是对当时的土地所有制、交易制度等做出的理论总结；另一方面，其中的重要理论内核又是超越了特定历史阶段，具有对现实的关照意义，构成农地公开市场建设的理论基础。

■ 3.1 马克思土地及市场理论

马克思土地及市场理论，包括马克思地租理论、地权理论、土地市场理论等，对于建立一个完善的农地流转的价格形成机制、产权交易机制、市场运行机制等都具有重要的理论指导作用。马克思地租理论，解决的是农地价值和价格的形成问题，农地流转中如何形成以及形成什么样的流转价格，取决于马克思所提出的级差地租，不同的地理位置、土地肥力、对土地的持续投入等，都对土地流转价格的构成产生作用。马克思地权理论，解决的是农地流转的产权安排问题，我国的农地之所以能够流转，是由于在农村土地集体所有制（所有权）之下，分离出了承包权、经营权，形成"三权分置"的土地产权格局，从而形成不同的产权主体和分配格局，为农地的产权交易提供了可能。马克思土地市场理论，解决的是农地流转市场的运行机制问题，马克思关于土地的商品化、资本化的理论论述，使得土地可以如同一般商品那样，遵循价值规律、供求规律等市场规则，通过市场化途径进行流转。

3.1.1 农地流转价格形成：马克思地租理论

农地流转的核心问题是土地流转价格，流转价格由何种因素决定。马克思地租理论的创建，是对古典经济学早期地租理论的批判、借鉴和继承。马克思在《资本论》第三卷第三十七章至第四十七章集中论述了地租形成的本质原因及其变化的一般规律。

马克思认为，"地租是土地所有权在经济上的实现"。地租之所以能够产生，是由于土地所有权与土地经营权相分离，土地所有者不再独自耕种所拥有的土地，而是将其出租给其他的耕种者，从土地的出租中获取收益，也就是地租。资本主义生产方式"一方面使土地所有权从统治和从属的关系下完全解脱出来，另一方面又使作为劳动条件的土地同土地所有权和土地所有者完全分离""这种联系发生如此严重的解体，以致在苏格兰拥有土地所有权的土地所有者，可以在君士坦丁堡度过他的一生"。土地所有权和经营权的分离，"使农业由社会最不发达部分的单凭经验的和刻板沿袭下来的经验方法，在私有制条件下一般能够做到的范围内，转化为农艺学的自觉的科学的应用"。土地产权的权能分离，使农业生产符合社会化大生产的经营要求，"这是资本主义生产方式的巨大功绩"。

在社会主义市场经济条件下，马克思关于土地所有权和经营权分离的论断，仍然是农村土地流转的制度前提和理论基础。无论是土地私人所有还是乡村集体所有，只有当土地所有权和经营权分离，通过土地出租等流转活动，才能够使农业科技更好地在大块土地上运用，从而使农业由传统的自耕农经营方式转变为现代规模化和产业化农业经营方式。土地流转制度的设计也要正确处理各主体之间的经济利益关系，以充分调动政府、集体、农户、涉农企业等各参与方的积极性。马克思关于土地权能分离的论述，对合理确定土地承包期限也有指导意义。土地流转的期限应当充分考虑农业经营的自然周期，如果承包经营权期限过短，将使农民对于土地产出的预期不利，抑制农民对土地的投资积极性，阻断地租形成的时间条件，不利于农业和农村经济的持续发展。

马克思还指出，地租是由土地所有权垄断所产生的超额利润转化而来。由于农产品的价格由劣等地上的生产条件决定，经营劣等地的农业资本家可以获得平均利润；经营中等地和上等地的农业资本家，因为所拥有的土地肥沃、农业工人的劳动生产率高，他们可以用等量投资获得较多的农产品，并按劣等地的生产价格出售，就可以获得超额利润；超额利润在土地买卖和出租中经过市场交换和转化，就成为地租。更进一步，马克思深入分析了地租形成的自然条件和社会因素，将地租区分为三种形式，分别是级差地租、绝对地租和垄断地租。由于土地的自然条件的不同而产生的地租是级差地租，根据形成条件不同，又分为级差地租Ⅰ和级差地租Ⅱ。由土地地理位置、土地肥力差异形成的地租是级差地租Ⅰ，在同一块土地上各种连续投资产生的超额利润转化的地租是级差地租Ⅱ。级差地租Ⅰ由土地所有者自始拥有，级差地租Ⅱ在土地租赁期间被租入土地的农业资本家占有，土地出租到期后全部或部分转归地所有者。农业资本家与土地所有者争夺级差地租Ⅱ，这种矛盾使土地所有者将千方百计地缩短土地租期，而农业资本家一方面希望签订长期的土地租约，另一方面会"避免进行一切不能期望在自己的租期内完全收回的改良和支出"，甚至采取各种手段拼命掠夺地力。土地所有者对级差地租Ⅱ的占有将使他们不费力气就把社会发展的成果纳入自己的私囊，使对土地进行改良的长期性投资难以进行，从而阻碍农业的发展。抛开生产关系的特定内涵，马克思对级差地租的分析仍然适用于社会主义社会。土地的地理位置、肥力差异，以及连续投资劳动生产率的差异等形成级差地租的客观条件依然存在，土地的垄断经营等形成级差地租的社会经济因素也依然存在。

马克思高度评价资本主义生产方式使得土地所有权和经营权分离，在解放和发展土地生产力上做出了巨大贡献。同时，也指出了资本主义土地生产方式所具有的剥削性质。他指出，"资本主义生产方式的这种进步，同它的所有其他历史进步一样，首先也是以直接生产者的完全贫困化为代价而取得的"。地租是农业资本家在一定期限内租用土地所有者的土地所付出的代价，这个代价的承受来源就是对农业雇佣工人剩余价值的剥削。

马克思的论述对于正确认识和处理当前农村土地流转模式中的利益分配问题有重要意义。如果我国农村实行土地私有制，则农民很容易在权力和资本的共同侵蚀下失去土地，沦落为纯粹的农业雇佣工人，从而只能在土地流转收益中分得很少一部分，而不是在土地流转中获得长期收益。在农村实行土地集体所有、农户的承包经营权长久不变，这种条件下的土地流转，可以让农民同时获得土地租金、生产性收入以及工资性收入，农民作为土地上的直接生产者，可以在土地流转中获得更多和长期的利益。马克思的上述论断，再明确不过地提出，有什么样的土地产权制度，就会相应有什么样的土地流转利益分配机制。给我们的启示是，农村土地流转活动的健康有序开展，必须以健全的土地产权制度为前提，土地产权制度设计、土地流转模式等的不同，也将相应带来不同的利益分配关系和利益分配格局。

3.1.2 农地流转产权安排：马克思地权理论

从本质上讲，马克思所论述的产权，是建立在物的基础之上的人与人之间的经济利益关系。从而，马克思的土地产权理论，也是建立在土地这一自然物和生产资料基础上的人与人之间的经济利益关系，并且在资本主义和前资本主义条件下，呈现出不同的特征。

马克思认为，土地所有权包括土地的终极所有权，以及从终极所有权衍生出来的占有权、使用权、收益权、处分权等权能。其中，土地所有权是一级权能，其他权利则是二级权能，二级权能有着一定的独立性，在一定条件下，它可以与一级权能分离。土地终极所有权是指土地所有者能够按照个人的自由意志，对属于自己的土地进行支配，社会公众对他的这种支配权给予普遍的认可，任何他人不能同时享有这种权利。土地终极所有权意味着，土地所有者对土地拥有最终处置的权利。土地占有权是指主体对土地实际掌握和控制的权利。土地使用权是土地使用者对土地加以实际利用的权利。收益权是在对土地的处分、经营过程中得到经济补偿或其他经济利益的权利。土地处分权是所有权、使用权人对土地进行出卖、出租、转让、赠与等行为的权利。这些所有权的分离形式，在土地这种具体财产上都可以表现为独立的产权，并共同构成对同一块土地的产权。

　　土地所有权直接反映人们之间的社会关系，这是它与其他物权的最大区别。马克思认为，土地所有权可以以单纯的物权形式存在，但在当劳动具有非常明显的社会性的时候，土地所有权总是社会关系的一种表现。他指出，除了那些极不常见的、完全孤立的小自耕农生产，在本质上说，土地所有权体现了人与人建立在土地权利之上的基本经济关系。由于所有权的存在，每个人拥有不同的对土地的权利；由于土地所有权的垄断性，人必然屈服于拥有更多土地权利的人。在农业社会，人与土地常常是捆绑在一起的。土地的所有权与王权、军事强权、国家主权等政治权利是密不可分的，土地权利就是政治权利。在资本主义社会，由于商品经济的高度发达，资本主义人权制度的建立，从前那种掠夺式的土地不平等似乎消逝了，所有的土地权利似乎都作为商品可以转让；土地买卖的双方似乎也按照平等的原则进行交易，关于土地的不平等被蒙上了市场经济的逻辑。但实际上，土地的那些基本特点并没有改变。控制土地的人在资本主义社会控制了更大的权利，土地的垄断性、需求刚性、对资本的吸纳性以及对制度的依赖性质都仍然决定着土地绝不是一种普通的商品；它仍旧决定着人与人之间不平等的经济关系。

　　在发达的商品经济或市场经济社会，土地因其巨大的资本吸纳能力变成了最好的资本集中器，土地的商品化流转越顺畅，其兼并集中就越有利可图。这时候，土地不仅是作为一般生产要素或特殊商品而存在，更是拥有了作为资本品的属性。马克思关于土地资本的内涵有二重意义：一是它本能地固定在土地上，即是对土地的资本、技术或劳动投入；二是土地的资本属性来源于土地所有权的资本化。土地资本的这两种意义，表现在它们的权属关系不一样。第一重意义的土地资本是土地经营者对土地进行投资而产生的，在资本的归属上属于土地经营者所有；第二重意义上的土地资本，是所有权的资本化形式，归属于土地所有者。

　　马克思深入分析了自耕农小块土地所有制这一土地私有制形式。在这种土地所有制下，自耕农拥有土地所有权、同时也是实际的耕作者，土地作为自耕农的生产工具存在，又是劳动力和资本的投入对象。对于自耕农来说，作为农业小资本家，经营的绝对界限并不是资本的平均利润，而是他扣除实际成本后付给自己的工资，只要在扣除实际成本后，农产品的出售价格能够偿付耕种劳动的工资，他就认为土地有耕种价值。作为土地所有者，土地所有权的限制对他来说已经不存在。马克思说，要使拥有小块土地的农民生产经营自己的土地，或买入土地进行生产经营，没有必要使土地产出的农产品的价格提高平均利润以上的水平，也没有必要提高到以地租形式表现出的超过平均利润的余额的水平。也就是说，自耕农生产的农产品的市场价格有可能低于它的产品价值或生产价格，这是因为自耕农剩余劳动的一部分既不参与生产价格的调节，也不参与价值一般的形成，而是白白送给了社会。这就造成，一些国家的小块土地所有制占主要地位，其农产品的价格低于以农业大生产为主的国家的农产品价格。

对于小块土地所有制的弊端，马克思也做出了深刻的分析。认为从性质上来说，小块土地所有制通常会排斥社会化劳动生产，不利于资本的大规模集聚，以及科学技术在土地上的应用。小自耕农往往把土地经营收入积累、沉淀下来，用于购置私有土地，也会相应减少对土地的连续投资。小块土地所有制导致"生产资料无止境地分散，生产值本身无止境地互相分离。人力发生巨大的浪费。生产条件越来越恶化和生产资料越来越昂贵是小块土地所有制的必然规律"。马克思论断，在资本主义大农业的社会化生产方式的竞争下，小块土地所有制会因自身的这些局限而陷入困境。

马克思特别指出，资本主义大土地所有制，比小块土地所有制更直接地榨取和破坏土地的自然力，租地农场主和土地所有者以此可从中更加迅速地获取财富。事实上，只要是实行土地的私有产权制度，就会在一定程度上阻碍对农业生产和土地本身的合理经营、维护和改良，只不过小土地所有制和大土地所有制是通过不同的形式进行。解决这一矛盾的出路在于实行土地公有制，马克思和恩格斯提出，从小农经济向联合生产方式、从资本主义生产方式向社会主义生产方式过渡，可以采取土地股份合作制，社会保持对生产资料的所有权，这样合作社的特殊利益就不可能压过全社会的整个利益。

马克思地权理论构成了社会主义市场经济条件下探索农村土地制度改革的理论基础。马克思和恩格斯对小土地私有制和资本主义土地私有制的批判、对土地股份制的设想，对于我们探索土地股份合作制等流转模式，具有现实指导意义。

3.1.3　农地流转市场运行：马克思土地市场理论

在马克思的著作里，土地产权并没有被直接称为商品，但却内含地表明了土地具有商品、财产或资本的属性。马克思认为，土地是能够为它的所有者带来收入的财产，而作为一种产权，则能够使土地所有者以土地作为生产条件，通过出租土地的形式，参与农业资本家对农业雇佣工人剩余价值的剥削过程，从而获取一部分无酬劳动。土地产权也就获得了资本的属性，"变成了支配无酬劳动、无代价劳动的凭证"。土地成为商品或资本品，源于人类生存对它的高度依赖，要使用土地必须获得一定的权利，这就为土地各项权能成为一种商品准备了条件；商品经济的发展，也使土地权能有偿使用日益普遍，进一步促成了土地产权的商品化。

在商品经济条件下，土地产权将会按市场交换的规则进行流转，以与其他的财产权利进行优化配置，也就是土地产权的配置力量是市场而不是行政。由于土地属于不可移动的财产即现在所称的不动产，因此所谓的土地配置也是土地产权的配置。同时，由于土地价格即地租的存在，土地渐渐远离了不动产的性质，"变成一种交易品"进入市场。

对于通过怎样的途径来实现土地产权的市场配置，马克思也进行了深入的分析。第一条途径是出租和转租土地产权。在土地产权的各项权能可以分离的条件下，土地终极所有者如果不能采取出租、转让等形式从土地的有关权能中取得地租，那么拥有土地的终极所有权是没有实际意义的。占有土地并不是土地所有者的最终目的，他的目标是通过行使土地产权以获得地租等收益。而土地使用者为使自己的资本投入发挥作用，带来更多的收益，就必须取得土地产权。土地使用者租入土地，在一定期限内对土地行使占有、使用等权利，最终的土地所有权不变，是土地所有者和使用者能够接受和普遍采取的方式。在土地出租期限内，土地使用者也可以根据投资收益情况和土地市场的供求情况，向其他土地经营者转让已经得到的土地使用权、收益权等权能。第二条途径是买卖土地产权。又分两种情况：一是土地产权的直接买卖，交易双方直接分别交付货币和土地，同时完成土地产权和货币产权在两个不同产权主体之间的相互让渡，对同一地块的买卖可以发生多次，产权让渡也可以无限次地进行；二是土地股权的买卖。随着金融业的快速发展，银行逐渐成为抵押土地的持有者，股份交易的日益普遍则使土地的"最高所有权被转移到交易所手中"。

土地产权的市场配置最终要体现到土地产权价格上，马克思也研究论述了土地产权价格的决定因素及运行机制。他认为，土地产权价格不取决于产权主体的意愿，而是取决于社会劳动的发展。社会化劳动越发展，同样劳动投入土地上取得的收益越高，那么土地产权的自身价值就越高。土地产权的价格还受到市场上土地产权的供需状况的影响。马克思指出，在一定的生产力条件下，土地产权的需求超过了供给，产权价格就趋于上涨；当需求小于供给时，土地产权的价格就趋于下降。长期来看，社会经济规模不断扩大，人口增长、城市化对土地的需求不断提高，土地资源的稀缺性特征将越来越突出，面对社会对土地产权需求的扩大，土地的供给却是相对收缩的。因此，土地产权的价格在长期趋势中处于不断地上涨过程，土地产权的交易也在此过程中发展起来。土地产权价格的单向上涨过程，"使它（土地）可以从这个不费它一点力气就创造出来的价值中占有一个日益增大的部分"。这就是马克思所说的土地产权运动规律。①

3.2 西方经济学土地及市场理论

3.2.1 产权理论及土地产权

以交易成本经济学、产权经济学和制度创新理论为基础，科斯（Coase）等新制度经济学家创立了产权理论。科斯在《社会成本问题》中首次提出了"交易费用"理论，从此，产权作为一个重要的范畴进入了经济学领域。产权经济学理论认为，产权制度构成了经济运行的基础，不同的产权

① 洪名勇. 马克思主义产权制度理论研究［M］. 北京：人民出版社，2011：411－412.

制度结构将会形成不同的经济效率、技术进步、分配结构等，从而塑造不同的经济发展状况。对产权的界定经历了一个相当长的过程，从单一的产权到多种形式的产权、从简单产权和复杂产权、从外部产权到内部产权。可以说，排他性产权制度的建立，是人类历史上一次伟大的革命。[①]

德姆塞茨（Demsetz）、诺斯（North）等新制度经济学的代表人物都提出了产权的定义。根据他们共同的认识，产权反映的是人与人之间由于物本身以及人对物的占有、使用而形成的社会关系。产权是一组权利，是由多种权利构成的集合，这些权利集合具有排他性、收益性、可让渡性、可分割性等特征，拥有激励、约束、外部性内在化和资源配置等基本功能。德姆塞茨（1967）指出："产权的一个主要功能，是引导人们实现将外部性较大的内在化的激励"[②]。产权的界定如果不清晰，将不可避免地导致"外部性"问题，产生其他经济主体的不付费"搭便车"现象。巴泽尔曾论证，界定产权需要花费一定的成本，只有当界定产权能够产生收益，并足以弥补或超过成本，产权相关人才有动力去界定产权。当产权界定收益大于成本的前提下，通过产权界定和调整可以将"外部性"问题内部化，使资源得以优化配置[③]。诺斯（1997）认为，经济学意义上的产权是个人支配其自身的劳动、所有物品等的权利，这种支配权是法律规则、组织形式、实施机制以及行为规范的函数[④]。产权人除了可以对有形物质拥有产权外，还可以拥有无形的版权、商标权、专利权等知识产权。科斯（1994）对产权范围的理解更加广泛，他认为，清洁空气、安静的权利或产生有害效应的活动等外部性因素也应当被作为一种产权。从产权与所有权等财产权利的关系上来看，产权首先是指财产所有权，由于所有权的部分权能与所有人发生分离，产权还包括与财产所有权有关的其他财产权，这些权能具有一定的相对独立性，财产权中的部分或全部权能可以进行让渡[⑤]。

---

① 刘润秋. 中国农村土地流转制度研究［M］. 北京：经济管理出版社，2012：32 – 33.

② 德姆塞茨. Toward a Theory of Property Rights, American Economic Review, 1967, 57（2）：347 – 359.

③ 戴伟娟. 城市化进程中农村土地流转问题研究［M］. 上海：上海社会科学院出版社，2011：2.

④ 诺斯. 制度、制度变迁与经济绩效［M］. 上海三联书店，1997.

⑤ R. 科斯，A. 阿尔钦，D. 诺斯等. 财产权利与制度变迁——产权学派与新制度学派译文集［M］. 上海三联书店，1994.

1. 产权与资源配置

资源优化配置在不同程度上完成两个方面的任务：一是使最需要使用资源的人得到某种资源；二是使最有能力发挥资源利用效率和效益的人得到这种资源。在市场经济条件下，外部性问题的存在，影响着资源的优化配置。所谓的外部性，就是一个经济主体所实施的经济活动对其他经济主体产生了积极或消极影响，这个经济主体却不必为消极影响部分或全部负责，其他经济主体也不必为享受利益而支付相应的报酬。如果影响是对外部有利的，获得收益的经济主体不必付出代价，就是正外部性；如果这种影响对外部造成不利或损失，而造成损失的经济主体不必为此付出代价，就是负外部性。无论是正外部性或负外部性，都影响了资源按照市场机制进行最优配置。科斯指出，外部性因素也应作为一种产权来对待，在交易费用为零的情况下，经过对各类产权的调整和清晰界定，外部性因素就不会造成资源的不当配置①。通过改变所有权结构，对新的产权进行重新界定，产权的相关当事人就会受到市场力量的驱动，通过平等谈判进行产权的交易。但是，交易费用为零仅是一种假设，现实中不存在不花费成本的交易。科斯认为，交易费用是使用价格机制产生的费用，至少包括发现价格、价格谈判、契约履约等的成本，通过清晰地界定产权可以降低交易费用，从而实现资源的优化配置②。存在产权的某种调整方式，比其他的调整方式能够带来更多的经济效益。但"科斯第二定理"也同时认为，如果不是以法律制度确认产权安排，那么由于完成转移和合并权利的市场交易成本非常高，使交易不能完成，从而导致永远不会实现最优的权利配置和更高的产值。也就是说，如果存在交易费用，即使产权界定是清晰的，最终的资源配置结果也不能达到最优，不同的产权结构也会对资源配置效率产生不同的影响。

土地是一种特殊的自然资源、生态资源和生产资料，土地资源的配置效率要从多个角度出发进行考虑。要在农业用地、生态维持用地和非农建设用地之间需要做出选择，协调生态安全、粮食安全和经济增长等多方面

---

①② R. 科斯，A. 阿尔钦，D. 诺斯等. 财产权利与制度变迁——产权学派与新制度学派译文集 [M]. 上海三联书店，1994.

的问题。出于生态安全的考虑，应当从产权的角度来考虑土地的非农化利用问题，形成有利于土地资源高效配置的非农发展权的初始配置。出于发展农村经济的考虑，要形成有利于农地产业化开发、有利于规模化土地投资的农地产权格局。从本质上讲，农地流转就是一个土地产权调整和界定的过程，这个过程首先需要一个明晰的初始产权，也就是明确的土地初始所有权、初始承包经营权。按照交易费用理论，产权界定和调整是交易费用的函数，在固定的交易收益下，交易费用越低，产权界定的效率越高。应采取可能的措施，使农地产权调整过程中的交易费用保持在一个较低的水平，从而提高土地流转的效益。

2. 产权的保护

巴泽尔（Barzel，1997）认为，资产权利是三个方面因素的函数：一是权利人直接努力加以保护；二是其他人夺取这种权利的企图；三是政府给予保护的程度①。如果保护一个产权或者转让一个产权需要付出非常高的成本，那么这种产权是一种不完整的产权，产权所能受到保护的程度高低，体现了这一产权所具有的价值。拥有资产的产权，意味着可以从资产中获取一定的收入。但是，如果不拥有产权的他人也能够对资产的收入流施加影响，而不需为此付出代价，那么可以判定这种资产的价值较低。因此，要使资产净值实现最大化，应当强化资产产权的排他性，排除那些无偿使用资产的他人的权利。资产的价值可能会受到产权多变性和不确定性的影响而减少。如果一项资产的收入流为其他经济主体所影响，就意味着资产所有权人的权利受到了威胁和破坏。保证所有权安全可靠的途径，是"谁受益、谁付费"，所有影响资产收入流的人均应承担对等的责任。因此，产权的界定就是权利受保护的程度，决定了资产将产生的净收入，只要产权被清晰界定，就能够实现收益最大化。最重要的是确保资产的所有者是拥有对资产收入的垄断和排他地位，除所有者之外的其他人未经授权不享有任何收入，这样权利才会得到完全界定。如果一项产权，只是在名义上属于某一经济主体，而不是在产权的权利行使上享有法律和政策方面

---

① 巴泽尔. 产权的经济分析［M］. 上海：上海人民出版社，1997.

的保护，使之面临违约、征用、纠纷等风险，则不能说这项资产具有较高的安全性。

当前，我国农村土地的产权价值总体上处于较低的水平。究其原因，可以归结为两个方面：一方面，现行土地制度对农村集体土地所有权还存在种种限制；另一方面，土地产权不具有完全的排他性，产权人之外的其他主体也对行使土地权利施加影响。村委会是集体经济组织行使产权的代理人，部分村委会或村委会干部在产权的界定、产权的流转过程中越权行使职责，对农地资产所能产生的收入流造成不当影响，由于法律约束和行政监管不力，他们不需要对这种不当影响承担全部成本。一些地方政府出于自身利益的需要也往往通过村委会，干预农地产权的流转。农村土地产权保护的缺失，降低了农村集体土地的产权价值。界定农村集体土地的产权，需要排除产权人以外的其他主体对土地资产收入的影响，在实际工作中，严格农地产权的"委托—代理"关系，禁止基层政府或村委会越权操作，对农村土地资产收入流施加外部影响。

3. 产权的交换

诺斯（1997）认为，完成一系列专业化的市场交换，必须采取契约形式，契约的不同层次决定了市场交换的复杂性①。如果经济交换的成本和不确定性比较高时，可以采用非专业化的方式进行交换。按照交换过程是否涉及人际关系，产权交换分为三种类型，即人际关系化的交换、非人际关系化交换和由第三方实施的非人际关系化交换。经济活动中的大部分交换是人际关系化交换，其特点是存在大量的重复交易、具有相同或相近的区域文化环境、不借助第三方交易机构。人际关系化交换由于在有限的范围、有限的规模内发生，因此交易成本低，但是因为交易的非专业化、分工不合理，往往产生高转型成本。交换规模和交换范围扩展到一定程度，交换双方在维护人际关系上将面临更大的困难。经济交换的种类和次数越多，要订立的契约就更趋复杂，使人际关系化的条件越来越不具备，从而产生非人际关系化的交换。非人际化关系冲破了小规模、地方性经济活动实体的边界，扩大了市

---

① 诺斯. 制度、制度变迁与经济绩效 [M]. 上海：上海三联书店，1997.

场，同时也受到家族纽带、契约义务、交易抵押和商业行为准则等的约束。非人际化的交换关系也使得交易的重复性大大降低、签订契约的复杂程度更高，产生了对由第三方实施的非人际关系化交换的需求。实施交换的第三方具有对交易双方的平等的强制力，能够应对交换过程中产生的投机、欺诈、规避责任等问题。契约能自我实施的状态是：交换双方相互了解，交易可在双方之间重复进行。由于存在权衡成本、实施由代理人进行，这些问题将影响交换结果，使契约的实施通常并非完美。在非人际关系化交换中，权衡成本高且没有可能的实施方式，欺诈和背信都可能对交换造成阻碍；交换双方的信誉、忠诚有助于推动契约实施，但不足以解决陌生人之间交换的根本问题。诺斯认为，为了解决非人际关系化交换的问题，政府机构作为第三方，动用行政强制力监督契约实施，将能产生巨大的规模经济效应。但是，政府部门也有自身的利益诉求，有可能利用行政强制力量为自己谋取利益，从而不能够在交换活动中采取中立的第三方立场。

我国农村经济还不是完全意义上的市场经济，村规民约、地缘关系、亲缘关系还在经济活动中有着较为广泛的影响。农村土地流转作为一种经济交换活动，在初期乃至当前的中西部地区，经常性地表现为人际关系化的交换，农地通过代耕、互换、出租等方式在熟人社会中流转，往往以口头约定方式进行，较少书面契约等正式约束，流转的交易成本较低。但是，这种流转由于地域性限制（一般是在同一集体经济组织，如同一行政村或自然村的农户中进行）、人际关系的限制（一部分农地代耕、互换是在有亲缘关系的农户中进行），往往难以形成规模经营，对土地生产成本也不能起到明显的降低作用。实现更大范围（跨集体经济组织、跨行政区域）、更大规模（不仅是农户小块土地的流转，还包括土地连片流转）的农村土地流转，必将突破人际关系的限制，加大处理陌生人交易的各类成本，对流转的专业化和第三方监督、管理和服务提出了迫切需求。地方政府作为第三方，能够通过行政强制力产生巨大的规模经济效应，但也需要特别的制度安排，使之能够不偏不倚地行使第三方专业化流转职能[①]。民

---

① 戴伟娟.城市化进程中农村土地流转问题研究［M］.上海：上海社会科学院出版社，2011：26.

间第三方服务机构，也可以通过提供专业化的土地流转服务，在非人际化交换关系中解决交换双方因信息不对称导致的交换困境，降低搜寻、履约等成本，提高土地交易效率。

3.2.2 市场和市场经济理论

市场和市场经济。原始意义上的市场，就是买卖双方互相交换物品的场所。经济学则更普遍地被市场作为一种经济交换的机制或方式。萨缪尔森（Samuelson）认为，市场是一种机制，这种机制被交易双方利用以交换物品；市场的关键特性是使买方和卖方共同确定交易价格和数量。哈耶克（Hayek）则脱离了交换的物质属性，认为是信息的流通在其中起到支配作用，他认为"市场是一个微妙的通信系统，是一种整理分散信息的机制，比人们精心设计的任何机制都更有效"。美国《现代经济词典》定义，市场经济是一种经济组织方式，商品生产的种类、方式、商品的配置等，均依靠市场供求来解决。

市场经济的特征。对于市场经济的特征，西方理论界的认识是比较一致的。如格林沃尔德（Greenwald）指出了市场经济的三个特征：其一，市场的主体自主经营、自负盈亏，是经济活动中的独立的法人；其二，市场与生产、交换、分配、消费等形成一种密切关系，建立在生产者（企业）之间、生产者与消费者之间的关系是商品货币关系；其三，市场机制调节资源配置是经济运行的基础。汤普森认为，市场经济注重经济资源的所有权，强调经济主体的自由意志、参与竞争和取得利润的动机，强调交换的价格由市场供求状况决定。

市场的类型。按照市场竞争状况，市场可以分为完全竞争市场、完全垄断市场、不完全竞争市场和寡头垄断市场四种类型。完全竞争市场是指经济主体间的竞争充分、不受其他任何市场外因素干扰的一种市场结构。在完全竞争市场中，存在为数众多的买方和卖方，买方和卖方同等地接受市场价格，各类经济资源（包括产权）可以自由流动，市场信息对市场参与方都具有完全性。完全垄断市场是完全竞争市场的绝对对立形态，是一种极端形式的市场类型，在这个市场上只有唯一的供给者。在完全垄断市场上，整个市场的供给全部由一个厂商承担，垄断厂商面对着众多的接受供给的消费者；消费者没有选择消费品的权利，因而市场价格也就由垄断厂商决定；市场有着严格的企业进入限制，新企业无法进入该市场，完全排除了企业间的竞争。所谓的不完全竞争市场，是在市场上至少存在一个能够影响市场价格的买方（或卖方）。按照竞争程度的强弱，不完全竞争市场又可以分为垄断竞争市场、寡头垄断市场和完全垄断市场。寡头垄断市场是其中的一种比较接近现实的市场类型，即非完全竞争，也非完全垄断，介于二者之间。寡头垄断市场与垄断竞争市场一样，都是中间形态的市场，但竞争程度偏向于完全垄断；与完全垄断市场相比，二者都存在垄断因素，但由于有多个垄断的市场主体，其垄断程度小于完全垄断市场。

3.2.3 制度变迁理论

农地流转从本质上看，是一种以一种土地经营制度代替另一种土地经营制度，体现的是一种制度变革。从西方经济学来看，制度变迁的主要理论包括：制度变迁的产权学派，诱致性制度变迁模型，诺斯模型，以及布罗姆利（Bromley）制度变迁模型。这些都为土地流转的制度变革提供了分析基础。

1. 制度变迁的产权学派

产权学派认为，如果为取得超出现有制度安排的新收益（或改变原有制度安排下的成本）而采取一定的调整措施，就会改变现存的制度安排，从而出现新的产权。当内部化的收益能够超过内部化的成本的时候，产权趋向于使外部因素内部化。衡量一个产权制度是否有效率，一般基于三个判断标准：一是产权的广泛性，即从理论上讲，如果不受限制，某一经济主体能够拥有全部资源；二是产权的排他性，是指某个人在获得一种物品或无形知识的产权之后，就可以把其他人排斥在获得该产权的利益之外；三是产权的可转让性，产权主体能够按照利益最大化原则自由地处理属于自己的资产，包括全部或部分权利的让渡。私有财产制度是唯一有效率的制度形式，只有私有产权才能推进市场发展和提高经济效率。产权分为公共产权和排他性产权，公共产权几乎不能激励技术进步和知识获取，排他性产权能够激励所有者提高生产效率，或者取得更多的知识和技术。

2. 诱致性制度变迁模型

诱致性制度变迁模型是由希克斯（Hicks）的诱致性技术变化模型演化而来。在此制度变迁模型中，制度被视为一系列规则，人们依靠这些规则，可以形成对社会或经济交往的合理预期，从而规范和协调人际关系。拉坦等认为，制度能够保证别人在一定的框架中采取行动，使一个人可以对此进行合理预期，并在复杂和不确定的经济关系中保证预期的稳定性。制度变迁不仅源自科学技术进步的要求，也来自劳动力、资源、资本等要素禀赋以及经济生产的需要。这些社会经济生活的客观要求，通过一系列契约关系、市场活动界限的改变，重新建立了新的产权制度。制度建立同时又是一个达成社会一致的过程，这一过程中要花费的成本，也影响制度创新的供给。拉坦（Ruttan）认为，制度变迁被社会所接受需付出的成本，受到既得利益集团的权力结构的重要影响，而依靠社会科学发展、教育水平的提高等，能够显著降低制度创新的成本。政治企业家是否主动地进行制度创新，取决于他们对于预期创新收益的增长幅度与动用资源的边际成本的比较，如果前者大于后者，就有动力采取制度创新的行动。但是，政治企业家所期望取得的私人收益，在很大程度上和以社会整体视角所追求的收益不一致，因此，由他们主导的制度变迁，往往达不到社会整体所期望的最优效果。

3. 诺斯模型

诱致性制度变迁模型既把制度视为社会或组织的规则，同时又把制度作为社会或组织本身，这是它的一个明显的缺陷。道格拉斯·诺斯（Douglass C. North）看到了这个缺陷，对制度环境和制度安排做出了进一步的区分，他认为，制度环境是规范和制约经济、政治活动的一系列基本规则，如选举规则、契约制度、公司制度等。而制度安排是规范、制约经济或政治主体之间开展竞争或合作的方式，通过这种安排，可以使各主体之间通过合作，获得在制度之外不能得到的额外收益；或是创造一种影响法律修订或产权变迁的机制，通过这种机制使经济主体之间的合作竞争成为合法行为。诺斯意义上的制度，主要由正式制约、非正式制约以及制约的实施三方面构成。其中，正式制约包括具有法和行政的强制力的法律、政府规章等制度；非正式制约包括具有一定的社会约束力的风俗、民约、宗教等；制约的实施是保障正式或非正式制约有效约束相关主体的设计。这三个方面共同构建了一个社会的或经济、政治组织的激励结构。所谓的制度变迁，指的是新制度的创造和对原有制度的改造、废止。制度创新的内在需求源于存在一种潜在的收益，在现存制度下无法实现，而突破这种制度则能够获取。诺斯也认为，既得利益集团的权力结构和均衡状况是制度变迁的决定因素，如果他们通过改变现有制度可以获得超出现有制度下可能取得的集团预期收益，就会采取行动推进实施这种制度创新。制度创新能否实现，则取决于利益集团及其代表人对制度转型成本和预期收益的比较，以及是否为此付出改革的努力。因此，利益集团的预期效用、可取得的额外收益、利益集团之间的博弈等决定了制度创新的方向。从而，制度变迁就是制度建立、演变以及随时间和社会经济情形而彻底改变的方式或过程，是以一种制度替代另一种制度。

制度变迁是一种中性的表述，不是所有的制度变迁都是有进步意义和有效率的。诺斯认为，制度变迁的结果，或是提高了效率（也就是推动制度创新的经济主体获益，同时没有其他主体受到损失），或是一种收入再分配的重新安排（整体效率并没有得到显著提高，只是改变了社会成员间的利益分配结构）。制度变迁之所以会发生，并非源自任何崇高的目的，只是来自新旧制度下利益的衡量。如果现存社会的一些利益集团认为，在当前制度下已经不能获得所可预期的利益，而对现行制度变革后，能够形成一种新的制度安排，在新制度下取得的收益在扣除制度创新成本后仍然高于现行制度下的收益，利益集团就有制度创新的动力。这种制度变迁的结果，首先是有利于利益集团的，当然在通常情况下也附带提高了整个社会的经济或政治效率。戴维斯（Davis）和诺斯指出，还存在另外一种类型的制度创新，"制度安排也可能或者由自发的特殊集团或者由政府所创立，其目的在于牺牲他人的利益而为个别集团谋利"。

4. 布罗姆利（Bromley）制度变迁模型

布罗姆利认为，诺斯忽视了现有的制度结构存在一系列的成本和收益，只有在特定的制度结构中这些成本和收益才有意义。诺斯模型最大的不足，是没有认识到效率固定地依赖于特定的制度结构，从提高效率出发构建制度变迁模型是循环论证，因为效率是由制度安排本身决定的。诺斯模型只注意到了收益预期对制度创新的动力作用，对于制度为何变迁、如何变迁并没有说明，也就是没有顾及对制度安排和对选择集进行重新排列的其他解释。

布罗姆利认为，制度是由集体合意决定的、用以确定个人和集体行为的规则，这种规则是双向期望的集合。现行的制度是之前的集体行动的结果，反映了以前的社会经济状况，包括此前的目标、价值、经济和政治议程等。集体成员经过一定的程序，取得意见一致，形成规范集体和个人行为的一系列规则，这一系列规则就是制度。因此，制度也是一个合法化过程，它使经济活动中一些特定主体的收益合法化、使成本的分担合法化。制度可以分为三类，即习俗和惯例、日常规则、所有权关系。其中，习俗和惯例是社会通行的不成文的行为规则，习俗和惯例生成行为秩序、礼仪，并提供关于人际关系的预期。日常规则是一系列具有法律和行政强制力的正式规范，用于约束和惩戒社会和经济行为，它是社会成员有意识制定的结果。所有权关系是政治团体中的成员关于特定收入的集体保证，用于分配由特定的物品的所有权产生的收入流。这三类制度，反映的都是此前的、历史的分配需求、利益关系、资源力量对比等经济和社会条件。随着条件发生显著的变化，现存的制度结构往往不能规范新条件下的行为，从而产生变革的内在需求。为适应新的经济社会条件，社会成员特别是利益集团将采取措施修正既有的制度安排，使这些制度安排反映新经济和社会条件的要求。布罗姆利把为适应新的经济社会条件而发生的寻求建立新的制度的行动，叫作制度交易。而把在既定的制度结构中发生的经济活动，看作是商品交易。制度交易通过对社会或集团成员的鼓励和限制来修改选择集，因此也可以说，制度变迁就是界定个人选择集的关系的变化。

布罗姆利认为制度变迁存在四种类型，其动机和预期目标分别为：一是提高生产效率；二是重新分配收入；三是重新配置经济机会；四是重新分配经济优势。提高生产效率的制度变迁，是通过建立新的规则以适应资源相对稀缺性的显著变化。重新分配收入的制度变迁，源自社会目标发生了改变，如整个社会更加注重低收入人群的福利从而改变税法对这类人群的税收安排。重新配置经济机会的制度变迁，源于社会整体态度发生了重大变化，也就是在新的经济和社会条件下，社会在整体态度上认为某些人的利益更为重要。第四种重新分配经济优势的制度变迁，源于那些能够产生决定性影响的社会成员，通过制度改变提高他们的社会福利地位。前三种制度交易都对社会福利的提高起到积极作用，第四种制度交易并不能带来社会福利的增加，只是对社会福利的重新分配，如寻租就是重新分配经济优势的特殊事例。这四种制度变迁或制度交易，可能是对新的经济社会条件和社会机会的自动适应，也可能因缺乏自动变化而以外部强制的方式产生。

总之，诺斯模型提出了制度变迁的驱动力在于制度变迁的发起人是否能够获取制度外的收益，如果新制度下的预期收益能够超过现行制度下的收益，就有动力采取改变现行制度的行动。但诺斯模型对现行制度的关注是不够的，它不能解释现行制度下各成员所具有的相对优劣势地位，从而说明制度变迁的发起者是哪些利益集团或社会成员。布罗姆利模型指出，制度外收益并不是制度变迁的唯一驱动力，制度变迁有不同的类型，其所需要驱动力和发起者均有差异。经济个体可以发起以提高生产效率为目标和以重新配置经济优势为目标的制度变迁；但是，以重新分配收入和重新配置经济机会为目标的制度变迁，源自新的社会共识的达成和社会福利函数的重大变化。

需要指出的是，布罗姆利的理论暗含着一个假设前提，在他看来，政府部门的官员不是追求利益最大化的群体，他们不会像"经济人"那样，从自身获取最大的效用的目标出发发起制度交易活动，从而推动制度变迁。但是，现实与理论模型有着差异。中央政府、地方政府等一些具备行政强制权力的机构，也是制度交易的发起者，也有可能寻求部门或个人的利益。村集体经济组织的"经济人"特征更为明显，村委会的干部往往会在推动土地流转制度革新的同时，在制度创新中反映并维护自身的经济利益。我国农村土地流转的制度创新可能兼有布罗姆利所说的几种制度交易的特征。如土地规模化流转的制度安排，首先是有利于提高农业经营效率的，同时，那些对发起人有利的、重新配置经济机会的制度交易将优先被考虑。从总体上看，农地流转制度涉及农民利益和社会整体利益，目前全社会对于工业化与农业现代化协调发展、切实解决"三农"问题已经达成了共识，应当在中央层面加以推动，着力通过制度变革，如改革征地制度、建设统一用地市场等，向农民这一弱势社会群体重新配置经济机会。

3.3 本章小结

本章主要阐述了我国农地流转公开市场的理论基础。在当前条件下，土地所有权和经营权分离的论述，也有助于分析农村土地流转中承包经营权的期限设置问题。显然，过短的承包经营权期限将阻碍农民对土地的投资，阻断地租形成的时间条件，不利于农业和农村经济的持续发展。马克思对土地股份制的性质、特点、作用等问题的分析，对于探索实行土地股份合作制等农村土地流转模式，具有现实指导意义。关于西方经济学的土地理论，则回顾了产权理论和土地理论、市场理论和制度变迁理论。根据产权理论，应当把土地承包经营权作为一种产权进行界定，通过形成合理的产权初始配置，提高土地资源的配置效率。在市场理论中，关于四种市场类型的划分，也为我们建立一个公开的、竞争较为充分、信息流通较为顺畅的农地流转交易市场提供了指引。农地流转从本质上看，是一种以一种土地经营制度代替另一种土地经营制度，体现的是一种制度变革。制度变迁理论，如制度变迁的产权学派、诱致性制度变迁模型、诺斯模型以及布罗姆利制度变迁模型，均从不同角度对制度变迁的产生原因、演变等做出了解释，对理解我国农地流转制度的变化提供了多种分析视野。

第4章

中国农地流转公开市场的内涵与特征

"公开市场"是一个经济学的范畴，在产业经济学、金融学中各有其特定的内涵，在农村土地流转的实践活动和制度设计中，引入公开市场的概念和分析框架，必须注意到它的适应性，对公开市场的基本内涵和一系列特征做出解释和分析。

4.1 农地流转公开市场的主要概念

讨论农村土地流转，必须建立在一定的概念体系上。由于我国土地制度历史形成的复杂性，造成农村不同用途的集体土地产权复杂、制度约束多样，有必要对农地流转的边界进行明确，对形成于土地之上的各类产权关系进行梳理，对现有农村经营基本制度之下运用市场机制进行界定。

4.1.1 农地流转

我国在相关立法中，对农村土地的概念、内涵做出了明确的界定。如《中华人民共和国农村土地承包法》第二条规定："农村土地是指农民集体所有和国家所有依法由农民使用的耕地、林地、草地，以及其他依法用于农业的土地。"《中华人民共和国土地管理法》第八条第二款规定："农村和城市郊区的土地，除由法律规定属于国家所有的以外，属于集体所有；宅基地和自留地、自留山，属于农民集体所有。"因此，农村土地即通常所简称的农地，在产权上属于农民集体（包括乡镇、行政村、组等）所有、或虽为国家所有但依法由农民集体使用，按使用形态则包括用于农业生产的耕地、林地、草地，还包括其他农业用地，如农村集体建设用地、宅基地等。[①]

广义的农村土地流转包括土地征收、土地出让和土地转让、土地与房屋的出租和农村集体建设用地的流转、农村集体土地承包经营权的流转（转包、出租、互换、转让和股份合作）等。[②] 本书讨论的农地范围，仅限于农村家庭承包经营土地的流转。我国农村的土地属于集体所有，土地承包户拥有对土地的占有权、使用权和收益权，一般称之为承包经营权，不拥有对承包土地的最终所有权。因此，在农村家庭承包经营户的权利范围内，农地的土地所有权是不能流转的。所谓的农地流转实际上是土地承包经营权的流转，是土地的占有、使用和收益的权利发生转移，是农地承包经营权在不同经营主体之间的流动和转让，也就是在不改变土地所有权和土地的农业用途的前提下，原土地承包经营权人将土地权益部分或全部移转给其他农户、专业合作社、农业经营企业等个人或经济组织。

在流转期限上，农地流转是非永久性的转移，一般是在承包期限内，原土地承包经营权人把土地权益对外转移转让。在这一过程中，对外转移土地承包经营权的一方是转出方，接受土地承包经营权并进行农业生产利用的一方是转入方。土地流转活动，实质上是土地经营权在一定时间内的一次或数次易手，经营权的转移改变了土地的占有权。转入方作为实际的土地占有人享有在转让期内的土地承包经营权，流转方在转让期内获得土地流转收益，而不再享有经营权。土地流转期限结束后，依照流转协议，土地经营权可以再次回到最初的承包经营权人。

我国的农村土地流转伴随着快速的工业化和城镇化进程而产生。人多

---

① 杨伯坚. 农地流转市场建设与制度安排研究 [M]. 成都：西南财经大学出版社，2012：30.

② 王忠林. 中国农村集体土地流转制度研究：基于对山东省滕州市农村集体土地流转制度改革的考察 [D]. 青岛：中国海洋大学，2011.

地少是我国农村经济发展中的一个主要矛盾，随着工业化、城镇化进程不断加快，农业在国民经济中的地位降低，农业产出趋于相对下降，推动大量的农村富余劳动力脱离土地和农业生产，进入城镇工业生产和服务行业。当农民在城镇能够通过从事非农职业长期谋生时，会选择脱离农业生产，从而需要将承包经营的土地转给其他个人或组织种植。但是，由于我国的户籍制度和社会保障制度的限制，农民工在相当长的时期内还不能享受城市社会保障，因此往往选择在不绝对放弃承包地的情况下把土地流转给其他人或组织从事农业生产经营。此外，随着科技进步的加快，农业生产技术持续提高，提出了对农村土地进行规模经营的要求，通过土地流转集中，使土地能够连片成块，适应大规模的农业机械化生产。因此，土地流转是一部分农民失去从事农业生产经营的意愿，而另一些个人或组织有意愿从事农业生产经营的必然结果。[①]

4.1.2 地权市场化

制度经济学认为，市场化是在经济活动中，市场机制在资源配置中发挥的作用不断加大，经济活动对市场作用的依赖加深，市场机制从产生、发展到成熟的过程。改革开放以来，我国对于市场机制在资源配置中作用的认识，经历了一个从辅助地位到基础性作用，再到决定性作用的过程，市场化的内涵和外延也得到了丰富和发展。从微观的和物质的视野看，市场化是产品的市场化、生产要素的市场化；从宏观的和制度的角度看，也包括管理体制、机制、方式手段等的市场化，其中包括权利交易的市场化。

我们认为，地权市场化是农地配置方式由以政府分配为主向以市场配置为主转化，逐步使价值规律发挥决定性作用的过程。这里所指的市场化，只是一种发展的取向和未来趋势。现阶段，受制于各种因素，我国农村承包地的流转还没有做到、也不可能完全做到市场化，如果完全按照市场规律进行操作，以市场机制进行土地资源的配置，将会产生很多问题。

---

① 杨伯坚. 农地流转市场建设与制度安排研究 [M]. 成都：西南财经大学出版社，2012：31－36.

最优的路径应当是，通过在目前行政主导的土地资源配置中，适度、有序地引入信息、价格等市场机制，对流转活动起到规范作用。土地或者土地权益是一种特殊的交易物，即便在市场经济发达国家，土地交易也不可能超脱于政府监督管理之外，不可能完全地市场化。因此，更确切地说，农村承包地流转的市场化，是通过政府调控和市场机制的共同作用，以市场机制为主导、政府调控为调节的配置土地资源的方式。

4.1.3　公开市场

在西方经济学中，"公开市场假设"是一个重要的概念，它是指资产可以在充分竞争的产权市场上进行自由买卖，交易价格的高低取决于市场供求状况下独立的买卖双方对资产的价值判断。所谓的公开市场，是指一个有众多买方和卖方的充分竞争性的市场。在公开市场上，买卖双方的地位在法律上和实际经济活动中是平等的。双方都能够获取充分的市场交易信息，他们的交易是受各自的自由意志支配的行为，不受对方或第三方的强制、胁迫。双方都能独立、理智地判断物品或权利的用途、价格等要素。"公开市场假设"是假定这种完善的公开市场存在，但在现实中，市场条件很难能够达到公开市场的完善程度。当然，公开市场假设也是基于市场客观存在的现实，也就是资产在市场上可以公开买卖这一客观事实。公开市场假设是一种理想化的市场状况，在这个市场上，主体平等、竞争充分、交易自由、信息通畅，资产或权利的价格只受到市场机制和因素的影响，而没有其他行政强制力量的干预。公开市场假设是实现资源优化配置的前提条件，只有遵循公开市场假设来处理资产或权利的交易，才能体现出资产或权利的真正市场价格。

我们认为，农地市场在狭义上可以理解为农村土地流转活动的场所或载体，农地市场的建设是农村市场体系建设的重要组成部分。农地市场包括一级土地市场和二级土地市场。集体土地使用权在一级市场上出让或出租，村民委员会按照法律规定，将土地使用权出让或出租给农民以及其他从事农业生产经营的经济组织。二级土地市场也就是通常所说的农地流转市场，是出让方将土地使用权转让或转租给其他个人或经济组织。农村一级土地市场是不完全竞争市场，主要是源于农村土地集体所有制的基本属性以及维护社会公平的基本出发点。当前，土地依然是大多数农民赖以生存的基本保障，如果在一级土地市场上通过市场机制，以完全竞争进行土地出让、出租，将使弱势农民得不到土地使用权，威胁他们的生存权利。因此，农村土地一级市场的封闭性和不完全竞争性将在一个相当长的时期内存在。

农村二级土地市场，在理论上则应该是一个完全竞争市场。土地转让的面积、转让方式、价格等都可以由流转双方按照自由意志、自愿地达成协议，市场机制在土地资源配置中起到决定性的作用。改革开放以来，我国农村的土地资产逐步显现出它的物权属性，农村土地流转的规模、速度加快，方式日趋多样，土地产权交易日趋活跃。同时，由于农地市场的交易机制不规范，非市场化交易甚至非法交易活动频繁，交易成本较高，不能发挥体现土地资源的效用。当前推进农村土地交易制度改革，重点就是按照市场化的目标，加快培育农村二级土地市场。按照公开市场的基本思路推进农村土地流转，将为其提供一种更加科学、高效的制度安排。

▋4.2　农地流转公开市场的特征

一个健全的农地流转公开市场，具有市场主体地位平等、市场参与者具有经济理性、市场竞争充分、市场信息对称、流转价格由市场决定等主要特征。

4.2.1　主体地位平等

涉及农村土地流转的主体包括产权主体、交易主体以及调控主体等。其中，产权主体包括村集体、承包经营户；农村土地流转的交易主体是有意愿进行土地流转的农户或规模经营主体；市场调控主体则主要指政府土地管理部门和其他有关部门。

在一个完善的农地流转公开市场中，首先要确保的是市场交易主体之间的地位平等。与一般商品的市场化交易类似，农地流转主体应当是负有对等民事法律权利义务的承包经营农户。按照法律规定，任何组织和个人都无权强迫或者阻碍土地流转行为，不得擅自截留、扣缴土地流转的收益，侵害承包农户权益的，应当依法承担民事责任。《关于引导农村土地经营权有序流转发展农业适度规模经营的意见》指出，"土地承包经营权属于农民家庭，土地是否流转、价格如何确定、形式如何选择，应由承包农户自主决定，流转收益应归承包农户所有。流转期限应由流转双方在法律规定的范围内协商确定。"①

土地流转活动中的主体地位平等，不仅体现为法律法规和政策规定层面，而且应当贯穿于实际流转活动中。主体地位平等，最直接的表现就是各权利主体在许可范围内独立地行使各项权利，不受其他方面的限制、干预、侵害。具体地，产权主体依照法律规定，对土地拥有所有权和占有、使用、处置等权利，能够对土地的状态及其变化做出决策。流转交易主体在流转活动中按照市场经济原则行事，对土地的流转方式、流转期限、流转价格以及其他条件拥有独立的决定和谈判权利，对流转收益能够自行支配。政府土地管理部门等市场调控主体，主要履行监督管理职能，采用法律约束和行政强制力量，对土地流转活动的合法性、合规性进行适度调控，但不能直接接入具体的农地流转活动，不代表、不干预农地流转任何一方的具体利益。

但是，在实际的农地流转活动中，主体之间往往处于不平等的地位，土地流转行为经常受到非市场因素的影响。

4.2.2　经济人假设

西方经济学中的"经济人假设"，是指假设每个人都以获得最大的经济利益为开展经济活动的最终目标，如果可以有多重不同的选择，他总是会选择那些可以获得更大比较经济利益的机会。关于"经济人"的假设出

---

① 中共中央办公厅、国务院办公厅印发《关于引导农村土地经营权有序流转发展农业适度规模经营的意见》[EB/OL]. http://news.xinhuanet.com/politics/2014-11/20/c_1113339197.htm.

自亚当·斯密（Adam Smith）的《国富论》："我们每天所需要的食物和饮料，不是出自屠户、酿酒家和面包师的恩惠，而是出于他们自利的打算。"也就是说，每个具有经济理性的人，都是首先为自己的经济利益着想，以获取最大的利益为目标，尽管他为之采取的措施使整个社会得益，但这并非他的本意。之后，西尼耳确定了个人经济利益最大化公理，在此基础上，约翰·穆勒（John Stuart Mil）提出了"经济人假设"，最后帕累托将"经济人"这一名词引入经济学。

在农地流转公开市场中提出"经济人假设"，实际上是强调流转行为中交易主体的理性行为。即流转双方对自己所要达到的目的具有明确的认识，对于流转中的所有变动，能够做出独立的选择；双方的流转行为都是有意识的和理性的，不是依靠经验和随机进行决策；流转双方应当追求满足利益最大化，土地流出方以获得最大的转让收益为唯一目标，土地流入方则以能从土地经营权中获得预期收益为唯一目标。这种理性行为，实际上是一种高度的抽象，是一种理想化的状态，在实际经济生活中是不可能存在的。例如，流转双方不可能知道和预测到涉及此次农地流转交易的所有信息；即使能够得到全部的信息，也需要付出比较高的成本；并且，他们在判断和处理这些信息时也不可能做到及时、完全和准确。

如同公开市场在农地流转的实际活动中不可能完全实现一样，"经济人假设"也存在着种种限制。尽管如此，针对我国农地流转市场中流转主体特别是农户普遍存在非理性的流转行为，还是应当把经济理性作为一种农地流转市场建设的导向，在流转行为中更多地引入充分信息、理性判断，尽最大可能地排除各种非经济因素的干扰。

4.2.3　充分竞争

所谓的充分竞争，是指在市场上存在大量的买方和卖方，针对同质化的商品存在大量的自主和分散的交易，没有任何组织和个人掌握着足以垄断交易的资源、权力，这样，市场价格将维持在一个合理的地位。在充分竞争的市场中，任何市场参与者进入或退出一个行业是充分自由的。市场参与者既可以自由进入市场，也可以自由退出市场，进入和退出的行为完全由参与者自由决定,除必要的法律限制(不包括保护垄断的法律限制)外,不受任何社会力量的限制。由于市场参与者能自由进入或退出市场,在较长一个时期内,市场的利润将随着参与者的进入和退出做出自行调整,整个市场的价格将维持在一个正常的水平,没有任何参与者能够获得高出正常利润的垄断利益。

在农地流转公开市场中强调充分竞争,有以下几层现实意义:一是当前农地流转的数量不足,难以形成一个合理的趋于均衡的流转价格。农地流转市场要形成充分竞争,大量的流转交易是一个必要的前提条件,没有大量的实际交易为前提,意味着难以产生大量的交易信息,也就对此后的流转交易构不成实质性的流转价格参照。二是当前的农地流转还受到多种其他经济社会力量的制约。如还没有一个健全的土地承包经营权登记制度,农地流转缺乏相应的权利支持和法律保护,限制了流转规模;农户的部分农地流转行为仍然受到不正当干预,流转价格受到不同程度的扭曲。三是城市工商资本进入农村,相对农户而言有着较大的价格谈判优势,从交易不对称的角度来说,具有一定的垄断特征。

4.2.4 信息对称

信息对称是指实现市场化的公平交易,市场参与各方所掌握的有关市场信息是对等的,包括信息的数量和质量。信息对称的反面是信息不对称,现实经济生活中存在的是大量的信息不对称情形。信息不对称是指在市场经济活动中,市场参与者对信息的掌握情况是有差别的;如果掌握的信息比较充分,则在市场活动中处于比较有利的地位,信息相对缺乏则处于不利地位。信息不对称理论的提出者约瑟夫·斯蒂格利茨等认为,一般来说,卖方比买方对自己商品的信息更为了解。如果一方掌握着更多信息,他可以通过信息的交易从信息的需求方获益,而拥有信息较少的一方也乐于得到这些信息;如果市场上信息显示机制健全,那么信息不对称的情况将会缓解;在市场经济中,信息不对称是一个普遍的存在,政府应当发挥信息发布和信息调控的作用。

信息不对称现象在农地流转市场中普遍存在,是造成流转价格扭曲的重要原因。农地流转市场的信息不对称，有流转主体自身的知识结构原因，也有政府职能发挥不足的因素。一方面，作为农地流转的主体，特别是双方都是承包经营户的情况下，他们的知识结构主要是农业耕作和非农业经营，土地流转是在比较偶然的情况下发生的，对流转信息的掌握和分析判断，超出了双方的知识范围；另一方面，当前的农地流转市场远非完善，大部分地方没有建立实体化的土地流转场所，基层政府的土地流转信息披露、信息发布、信息分析等工作不到位，没能改善土地流转过程的信息不对称情形。

4.2.5 价格市场化

所谓的价格市场化，指的是价格形成由市场机制决定，除市场因素外，交易价格不受其他非经济因素的影响。在市场经济中，价格具有以下三个方面的作用。第一，价格是商品供求关系变化的指示器。在市场上，借助于价格可以直接向市场参与者传递供求信息，各参与方根据市场价格信号做出生产经营、商品交易等决策。第二，价格水平反映着市场需求量的变化。在给定的消费水平下，某种商品的价格越高，购买者对这种商品的需求量就越小；反之，商品价格越低，购买者对它的需求量就越大。价格过高时，购买者可能做出少买或不买这种商品，或者购买其他替代商品的决定。价格水平的变动发挥着改变需求量、需求方向，从而调节需求结构的作用。第三，价格是实现国家宏观调控的重要手段。价格为政府调控那些单靠市场机制无法平衡供求的经济活动提供了信息，使政府能够比较准确地干预市场活动，在一定程度上避免或减少由市场自发调节带来的经济运行不稳定因素。

在农地流转公开市场中，土地流转价格的确定往往很难做到市场化，这是由土地的特征和农地流转的特点决定的。土地是一种特殊的实物资产，是需要经过长时期耕作和经营才能获得收益的资产，这也就意味着土地的交易频率往往较低，流动性不高，同一地块不可能在短期内连续进行多次交易，由于没有相应的交易量作为支撑，农地流转价格的形成也就缺乏市场化的基础。与一般的商品交易不同，农地的市场化流转成本比较高，一个完整的市场化流转过程需要考察、评估、投标、融资、签约、交割、缴税等复杂程序，需要投入大量的人力、财力，如果没有专业化的土地流转中介机构，这一复杂过程往往不能持续进行。在很多情况下，流转双方对于土地的流转价格是主观确定、没有经过细致计算的，这也导致土地流转价格不合理。

4.3　农地流转的非公开市场

4.3.1　农地流转协议市场

协议市场是与公开市场相对的一种市场类型。所谓的协议市场，指的是资产的定价和成交是通过私下协商或当面讨价还价方式完成的交易市场。在协议市场中，资产的交易并不为大量的公众所知，价格的确定也没有大量的频繁交易作为参照，而是由交易双方根据各自的需求和可接受条件进行一对一的协商。比较规范的协议是订立书面合同，但也有大量的交易是通过口头协议完成的。协议市场是一种不公开的市场，由于排除了资产交易的其他可能的参与者，也就不具备公开交易的一些特征，如充分竞争、信息对称和价格的市场化。在非充分竞争方面，由于资产的交易往往仅限于协议双方所知，排除了潜在的大量购买者，资产的购买方事实上处于一种垄断的地位，极大地削弱了交易的竞争性。在信息不对称方面，与交易关联的信息是通过大量的同质化的实际交易或交易报价中产生的，但是在协议市场中，交易是分散的、隐蔽的，交易之间的异质性强，沟通渠道缺乏，所产生信息的可比性较低，因此，交易双方都会在信息的占有上存在困难，同时也给双方隐瞒交易信息提供了可能。同样，由于交易的非公开性质，价格的形成也不是以市场机制来决定的，而是主要由交易双方根据在一次交易中的谈判能力来决定。

在我国的农地流转交易中，大量存在的是通过协议方式进行的承包地流转。一是由于目前农村的土地流转市场（主要指交易场所、交易机制）还不完善，土地流转缺乏公共交易平台；二是受到农户对流转成本等经济因素以及乡规民约等社会因素的考虑。农地流转达成协议的方式有口头协议和书面协议两种。口头协议需要花费的谈判成本低，但由于口头协定的约束性不强，往往产生较高的履约成本；书面协议以书面文字的形式将交易权利和义务固定下来，日后的履约成本将会降低，但由于要细致地协商、签约，事前的谈判成本往往较高。我国农村是一个乡土社会、熟人社会，农户在选择农地流转的合约形式的时候，要考虑取得的经济利益和存在的经济风险，也会自觉或不自觉地考虑到地缘远近、关系亲疏等非经济因素。一般来说，从经济利益方面考虑，如果农地流转的规模大、期限长、价格高，双方将会采取书面协议方式达成流转交易。但同等情况下，按照费孝通先生指出的乡土社会"差序格局"①，在考虑了经济利益之后，一宗土地流转交易的双方如果在地缘、亲缘、人缘上越近，就越有可能采用口头协议的方式。

4.3.2 农地流转隐性市场

所谓农地流转隐性市场，并不是一种市场类型，而是与显性市场相对的概念性、分析性分类。在我国现行法律框架下，农地流转市场有显性市场和隐性市场两种。显性市场符合国家法律规范，双方的流转活动符合平等、自愿、有偿等原则，并报经政府部门统计备案。另外，与之相对的隐性市场，是指基层政府或村集体组织等违反农户的自由意志，强制流转承包地、改变土地用途等农地流转行为。这些农地流转行为不符合自愿、平等协商等原则，而是暗箱操作、强制流转、私下交易。

根据农地隐性流转市场的不同情形，又可以将其分为违法流转、触法流转和失范流转。②违法流转是指明显触犯《土地管理法》《农村土地承包法》等关于国家土地管理、农村土地制度的法律法规，包括强制调整农户承包地、擅自改变土地的农业用途等土地流转活动。触法流转是指农地流转行为已经触及但还没有达到实质违反国家土地管理法律法规的程度，包

---

① 费孝通. 乡土中国 [M]. 上海：上海人民出版社，2006.

② 朱明芬、常敏. 农用地隐性市场及其归因分析 [J]. 中国农村经济，2011 (11).

括农地流转过程中权证不全、耕地流转后长期用于绿化用地等。所谓的失范流转，是指除以上违法流转和触法流转以外的不合规流转行为，包括农用地流转手续不齐备、流转方式不合理等。

农地流转隐性市场在一定程度上冲击正规土地市场和国家法律尊严，降低土地利用效率，也往往积累形成一些社会矛盾。

4.4　本章小结

本章对农地流转的非概念进行了界定。农地流转实际上是农村承包经营权的流转，涉及地权市场化的重要概念，即指农地资源的配置从以政府分配为主向市场化配置为主转变，使市场机制在农地流转中发挥决定性作用。地权市场化是农地配置方式由以政府分配为主向以市场配置为主转化，逐步使价值规律发挥决定性作用的过程，最优的路径应当是，通过在目前行政主导的土地资源配置中，适度、有序地引入信息、价格等市场机制，对流转活动起到规范作用。农地流转公开市场具有主体地位平等、"经济人假设"、充分竞争、信息对称和价格市场化等重要特征。主体地位平等，最直接的表现就是各权利主体在许可范围内独立地行使各项权利，不受其他方面的限制、干预、侵害。在农地流转公开市场中提出"经济人假设"，实际上是强调流转行为中交易主体的理性行为，即流转双方对自己所要达到的目的具有明确的认识，对于流转中的所有变动，能够做出独立的选择；双方的流转行为都是有意识的和理性的。在农地流转公开市场中强调充分竞争，其现实意义在于：一是规模化流转交易是必要前提条件，没有大量的实际交易为前提，对此后的流转交易构不成实质性的流转价格参照；二是当前的农地流转还受到多种其他经济社会力量的制约；三是城市工商资本进入农村，相对农户而言有着较大的价格谈判优势，具有一定的垄断特征。信息不对称是造成农地流转价格扭曲的重要原因，其中有流转主体自身的知识结构原因，也有政府职能发挥不足的因素。流转的价格市场化，要求价格形成由市场机制决定，除市场因素外，流转价格不受其他非经济因素的影响。与公开市场相对立，在实际的农地交易活动中，还存在着大量的协议市场、隐性市场等，这些流转活动排除了潜在的大量购买者，削弱了交易的竞争性，并由于交易分散性、隐蔽性、异质性等，造成信息不对称等问题。按照公开市场的思路推进农村土地流转，将为其提供一种具有更高效率的制度安排。

第5章

中国农地流转公开市场的前置条件

　　农村土地流转公开市场是一项推动土地产权优化配置的制度设计，这一制度设计受到多种条件的限制或者需要多种必要性的前提，如农地使用权的物权化，一定的农地流转需求规模，以及与之相适应的社会保障体系的完善等方面。分析农地流转公开市场的前置条件，其必要性在于如何从制度、环境等层面构建一个公开市场借以存在和发展的基础和前提。

5.1 农地产权的物权化

5.1.1 农地产权在法律上的物权化

　　农村土地的产权权能设置在构建农地流转公开市场的过程中占有极其重要的地位。产权权能的设置，规范着基于土地的一系列权利关系。随着经济的发展，人们在土地上发生的关系越来越复杂，这些权利关系必须借助于土地产权权能的创设进行理顺、简明和规范化。

　　如前所述，我国农村土地承包权、经营权还存在一定的缺陷，还不具有真正的、完全的物权权利。一是农地承包经营权是基于承包合同的占有、使用和收益权，在某些情形下，缺乏对抗村集体组织（发包方）干预或其他行政干预的必要手段。二是在某些情况下，土地承包合同的签订并不是发包方与承包方充分谈判和协商一致的结果，由此与之关联的承包权和经营权也往往存在瑕疵。三是承包权和经营权往往受到行政权力的不当干预，阻碍着集体资产的保值增值，造成土地价值及其他资产隐性流失，如以产业结构优化调整为名，不当征收农地。四是在国家征收土地时，作为征收补偿的当事人是发包人，即集体经济组织及其代表，具体地块的承包经营户并不能直接参与土地征收的补偿事宜中。①

根据目前的土地法律制度，农地承包权和经营权属于用益物权的一种，但又区别于一般物权法中的用益物权。一方面，土地承包权和经营权属于他物权，但又是限定资格条件下的他物权。由于农村土地的所有权性质是集体所有或国家所有归集体管理，农民只有具备集体经济组织成员的身份，才有资格取得这种权利。因此，承包土地的农民是在使用自己与集体经济组织内的农民共同所有的土地，而不是一般意义上的使用他人之物。所以农民的土地承包权和经营权作为一种用益物权是有特殊性的。另一方面，土地承包权和经营权的特殊性还表现在集体土地的特殊功能上。在我国大多数农村，土地仍然是农民赖以生存的基本手段，实际上承担着社会保障的功能。在以农业生产经营收入为家庭生活主要经济来源的地区，土地承包权和经营权是保障农民生存的最重要、最基本的生产生活资料。赋予农民土地承包经营权，是保证农民稳定收入来源的客观要求。

建立农地流转公开市场的一个首要条件，就是要确保土地承包权和经营权具有完整的、真正的权能，能够按照一般物权行使各种权利，即农地承包权和经营权的物权化。物权是指权利人依法对特定的物享有直接支配和排他的权利，包括所有权、用益物权和担保物权。物权的直接支配权利是指权利人能够独立地行使权利，按照自己的自由意志对物进行占有、使用、处分等；排他性权利指的是除物权人以外的其他任何组织或个人都无权干扰行使权利、享受物权利益。对于我国的农地权利而言，应当在坚持土地集体所有制的基础上，通过土地使用权确权登记颁证，将农户的土地承包权和经营权逐步物权化和长期化，以农地承包权"长久不变"的安排，弱化集体所有权，以承包权和经营权的物权化，强化农民对土地的使用权。

---

① 张艳，马智民，朱良元. 农村土地承包经营权的物权化建构 [J]. 中国土地科学, 2009 (4).

在法律上，应以法定的形式确立农民土地承包权和经营权的物权性质，明确这种物权的具体内容。可考虑以"土地使用权"的法律概念，取代"土地承包经营权"的提法。土地承包经营权的提法，所含权利的内容相对狭窄，反映的是发包方与接包方之间的权利义务关系，经营权局限于土地的生产经营活动，不能涵盖农户对土地所拥有的其他物权权利。而土地使用权有比土地承包经营权更为完整的内容，更独立于土地所有权。土地使用权的表述，能够涵盖除土地所有权之外的农民对土地的占有、使用、收益、处分等比较完整的物权权利。农民土地使用权的长期化，能够保持农地物权权利的稳定性，提高农民对土地投资的未来预期，从而提高土地的使用效率。

我国的农村土地权利的物权化，经历了一个从"两权分置"到"三权分置"的过程。改革开放初期，农村实行家庭联产承包责任制，一个重大的制度变化就是实行两权分设，将土地权利分为所有权和承包经营权，集体拥有所有权，承包农户拥有承包经营权，"交够国家、留足集体、剩多剩少归自己"，农民的生产积极性得到极大提高，农村生产力水平获得了大发展。在长期的土地生产经营时间中，客观上出现了进一步将土地承包权和经营权分离的需求，实践中也已经通过土地流转等活动探索着将这两种土地权利进一步分置的具体形式。2016 年 10 月，《关于完善农村土地所有权承包权经营权分置办法的意见》印发，提出把土地承包经营权分为承包权和经营权，实行所有权、承包权、经营权分置并行，土地权利的分置问题在政策上进一步得到确认。这可以说是家庭联产承包责任制之后农村土地制度改革的又一次重大制度创新。土地权利三权分置的核心是界定土地权利，完善三权关系。从所有权来看，农民集体作为土地集体所有权的权利主体，依法享有占有、使用、收益和处分的权利，拥有对承包地的发包、调整、监督、收回等权能。从承包权来看，承包农户作为土地承包权人，依法享有承包土地占有、使用和收益的权利，有权通过转让、互换、出租（转包）、入股或其他方式流转承包地，有权依法依规就承包土地经营权设定抵押、自愿有偿退出承包地等。土地流转的转入方通过土地流转取得土地经营权，成为土地经营权人，对流转土地依法享有在一定时间内的占有、耕作、收益权利。在土地的三种权利中，土地集体所有权是土地承包经营权的前提，由土地承包经营权派生出土地经营权。2017 年中央一号文件，进一步明确要落实农村土地集体所有权、农户承包权、土地经营权"三权分置"办法。

5.1.2　农地资产功能的拓展

通过耕作等劳动力的投入，生产农作物，为人类提供衣食等生存必需的物质，是农村土地的基本功能，即生产功能。无论实行什么样的农地制度，都要首先保障这一功能的实现。除此之外，农地作为一种特殊的资产，还具有价值功能、财产功能、资本功能等经济功能。

1. 农地的价值功能

农地是一种重要的生产要素，是具有特殊属性的可交换物，因而也就具有价值功能。在我国相当长的一段时期，国家在政策层面认定土地不是资产，而是一种生产资料，限制土地的自由流动，从而淡化了土地的价值。改革开放以后，随着市场经济体制的进一步完善和农业现代化的发展，农村土地被掩盖的价值功能逐步显现出来。马克思始终强调土地的交换价值和价值，他指出，"资本化的地租表现为土地价格或土地价值，以及土地因此和任何其他商品一样可进行买卖这一事实"。同时也指出，虽然未经开发的、以自然形式存在的土地没有凝结人类劳动，但是，土地资源的稀缺性使之供给的刚性较强，这种垄断性的地位形成了地租，从而使自然土地取得了价格形式[①]。

2. 农地的财产功能

农地的财产功能是指，农地可以作为财产用以使用和交换的功能。农地因其有交换价值，因此，可以作为一种财产而存在，有权支配这一财产的农地所有者或使用者，可以通过在市场上变卖土地，获得相应的收益；需求方要想得到土地财产，则需要付出相应的对价。随着我国农村土地流

[①]　马克思. 资本论（第二、第三卷）［M］. 北京：人民出版社，1975.

转的放开和流转方式的日益多样，农地的财产属性逐步明确和凸显。党和国家各项政策明确赋予农民承包权长期化，承包经营期限从三十年改变为长久不变，农村土地承包使用权可以有偿流转，确权登记颁证等一系列工作也保障了这些权益得以实现。2007 年的《中华人民共和国物权法》规定，农村土地承包经营权属于一种用益物权。衡量这一物权的形式就是在流转中体现其交换价格，也就是其内在价值的价格表现。总的来看，农村土地承包权和经营权的物权化是一个逐步完善的过程，如逐步拓展使用期限、权利范围，随着这一权利的深化，将使农民享有更为充分的土地财产权。

3. 农地的资本功能

当土地这一财产或资产进入市场，是其所有者或拥有部分处置权的使用权人可以通过交换获得超过土地财产本身的增值，土地也就具有了资本的功能。土地的资本属性，通过土地权利的转让、出租或所有权或使用权人对土地的持续投资经营体现出来。如前所述，随着流转制度改革和有偿使用，土地作为特殊商品进入市场，体现出了土地的交换价值。土地本身也在自然资源和生产资料之外，被赋予商品、资产等多种属性。土地由资产变为资本，在于所有权人或使用权人对于土地的投入和经营。一是承包农户在承包期内从土地获得的收益归自己所有，在承包经营权到期后，上交集体而获得一定的经济补偿。当然，这种土地资本的体现形式由于承包期的长期化而不再是普遍的表现形式。二是在农地流转后，流入方通过在土地上投入资金、劳动力，进行土地的肥力培育等，获取超出流转价格和土地经营投入成本的经济利益。

5.2　农地流转供求规模化

5.2.1　对农土流转市场规模的总体测算

农地流转公开市场是农地流转交易的场所和载体，公开市场的存在必须要以一定体量的农地流转交易为基本前提。只有全国农地流转达到了一定的规模，并在未来有较快增长的预期，才有可能使流转市场持续存在和健康发展。首先，规模化的农地流转交易量是达成充分信息的前提条件。如前所述，在小规模的农地流转活动中，流转信息是在有限范围内，甚至是在交易双方之间传播的，交易各方对信息的掌握是不充分的。其次，流转规模是形成土地市场价格的必要条件。由于这种情况下的信息是分散、不对称的，所达成的价格也是通过面对面的协商，在比较偶然的交易情况下产生的偶然价格。这种价格不具有对其他交易的参考性，因此不能说是土地的市场价格。最后，一定的流转规模也是市场各类中介服务机构营利性的收入来源。农地流转规模的扩大，意味着流转信息的丰富，意味着仅凭流转双方已经不能较为完全地获取和处理这些信息，必须要通过专业的服务机构采集、分析、处理、利用信息，从而各类信息咨询机构、市场评估机构、交易居间机构等专业分工明确的市场机构就成为必要。

据农业部的数据，我国家庭承包经营耕地面积从 2007 年的 12.31 亿亩增长至 2014 年的 13.26 亿亩，承包地流转面积从 2010 年的 1.87 亿亩提高到 2014 年的 4.03 亿亩，如图 5-1 所示。

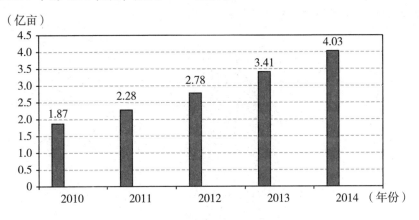

图 5-1 2010~2014 年我国农地流转面积的走势

资料来源：根据农业部网站数据整理。

家庭承包经营耕地流转面积占全部承包耕地面积的比重，从 2010 年的 14.7% 上升到 2014 年的 30.4%。2014 年承包耕地流转出的农户达 5800 余万户，占家庭承包农户数的 25% 以上，如图 5-2 所示。

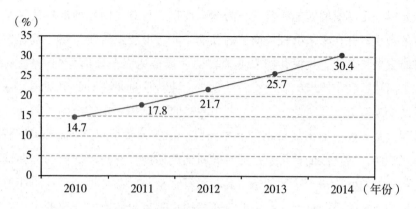

图 5 - 2　我国农地流转面积占承包经营耕地面积的比例

资料来源：根据农业部网站数据整理。

从耕地流转方式来看，以转包和出租为主，2014 年转包流转的比重为 46.6%，占全部流转面积的近一半，出租流转的比重为 33.1%，互换流转的比重为 5.8%，股份合作流转的比重为 6.7%，转让流转的比重为 3%。通过临时代耕等其他方式流转的耕地占 4.8%。出租流转的耕地面积增长较快，2014 年同比增长 23.8%，占流转总面积的比重提高 1.5 个百分点，如图 5 - 3 所示。

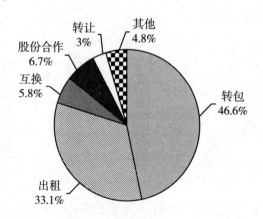

图 5 - 3　我国农村耕地流转方式占比情况

资料来源：根据农业部网站数据整理。

根据社科院的研究，在经过 2014 年的快速和大规模农地流转后，2015 年的农地流转的速度和规模趋于下降，中央和地方政府、农民及农地流入方（包括企业、合作社、家庭农场等各种新型经营主体），都在重新认识和反思大规模农地流转的利弊。但不可否认的是，解决"三农"问题的关键是减少农民，随着城镇化和农业现代化的同步推进，在严格保护18亿亩耕地红线的前提下，全国农地流转的需求仍将会被创造出来，尽管不一定是像此前那样运动式地被创造出来。

5.2.2 不同地区农地流转市场规模差异

如前所述，不同地区的农地流转市场规模存在比较明显的差异。一般来说，东部地区和部分耕地大省的农地流转面积占所在区域承包经营地面积的比重较大，即有比较大的农地流转规模。据农业部数据，2014年，8省市农地流转的比重超过35%，其中上海市高达70%以上，江苏省、北京市、黑龙江省有一半以上的农地进行了流转，浙江省、安徽省的比重在40%以上，重庆市、河南省超过35%。西部地区的农地流转规模则较小，如图5-4所示。

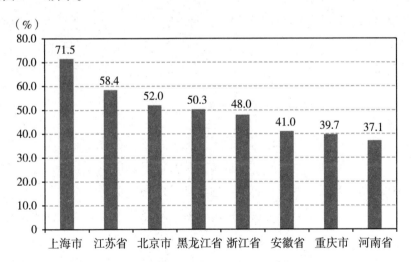

图5-4 我国部分地区家庭承包耕地流转比重

资料来源：根据农业部网站数据整理。

农地流转规模较大的地区，一般是农村外出非农务工劳动力较多，经济水平相对发达，农业生产规模效率高的地区。如安徽省、重庆市、河南省等地的外出劳动力较多，根据腾讯大数据，安徽、河南、四川等省的外出务工人员数量居前，安徽省达到 912 万人，2014 年河南省 85％的农村家庭存在劳动力转移，户均转移人数 1.74 人。上海市、北京市、江苏省等地则属于全国经济发展水平较高的地区，非农就业人口多。黑龙江省的农业生产规模效率较高。而在华北平原、关中平原等粮食生产核心区，在农业生产结构没有重大调整的情况下，它们对农地流转的需求显然要比地块零碎的丘陵地区小。

5.3 健全城乡社会保障体系

5.3.1 弱化土地的社会保障功能

我国的农地不只是一般意义上的生产资料，它首先是社会保障资料，是农民生存保障的基础。在我国农村社会保障体系中，尽管土地所提供的保障只能维持农民最基本的生存需要，但却是最重要的社会保障手段之一。中国的社会保障制度是城乡二元分割的，农民并未被平等地纳入保障范围。农村土地所承载的社会保障功能，已经对土地本身的其他功能产生了不利影响。

1. 土地社会保障是低水平的保障

土地保障在农村社会保障中的重要地位，并不表明其所提供的保障使承包农户享有较高的生活水平。这种保障，毋宁说是经济上的，在一些地区不如说是心理层面的。农业生产的特点是作物生长周期长、受自然条件影响大、产出效率不高，小块土地经营的小农经济更为突出，分散化生产经营意味着出于规模不经济的状态。在我国大部分地区，农业产业化发展程度还不高，农业产品的附加值低，加之长期以来工业产品与农业产品存在"剪刀差"，造成土地产出的整体效益不高。从众多研究者以往的调查研究来看，在小块土地经营方式下，种植粮食作物的普通地块产出的收益基本与投入成本（不含劳动力投入）略有盈余或持平，有的甚至不能弥补成本。以这样的土地产出水平，是不能提供有效的养老、医疗等保障的。

2. 过多的保障功能影响生产功能

土地所承担的生产功能与保障功能之间有着彼此消长的关系。土地的生产功能要求按照经济规律，讲求提高生产效率，土地资源配置应当以市场机制为决定性的配置手段。土地的保障功能要求按照社会规律，讲求维护社会公平，基本平等地保障农民的生活、就业、医疗、养老等社会需求。但是，由于农村土地承载的社会保障功能过多过重，非市场化的、相对平均、人人有份的土地分配方式使土地呈现碎片化、分散化，不利于土地生产效率的提高。目前，农业生产的发展和农民的高度分化，加剧了土地的生产功能和保障功能之间的矛盾。提高土地利用效率和产出效益，客观上要求改变小块土地经营的方式，实行土地向农业专业大户、家庭农场等集中，向农业产业化企业集中，开展农业适度规模经营。由于农村社会保障体系不健全，土地对于农民社会保障的作用不可替代，造成农户的承包经营权流转意愿不强，阻碍着土地流转和适度集中。土地承担的社会保障功能，也对土地的生产功能造成了挤出效应。例如，已经实现非农收入占家庭总收入绝对优势比重的农户，出于保障性的需求，仍然不愿意放弃对土地的承包经营权，但又无力或无意从事农业生产，从而对土地进行粗放式经营，造成严重的土地抛荒现象。

3. 土地保障不能适应农村发展需要

当前，我国的"三农"问题发生了与以往不同的变化，以土地作为社会保障已经不能满足农民生产生活的需要。一是农村人口老龄化的问题。从城乡对比来看，我国农村的老龄化问题较城市更为突出，老龄化问题的压力更大。农村家庭规模呈现缩小趋势，核心家庭越来越普遍，农村养老的负担日益加重。随着农村剩余劳动力非农的转移，许多农村出现了"空心化"现象，在乡村生活的多为部分丧失或完全丧失劳动能力的老人和外出打工中青年农民的未成年子女，即所谓的"空巢老人"和"留守儿童"。依靠土地保障为主的传统农家养老方式已经不能适应这种变化。农村的社会养老保险制度还不健全，农村新型合作医疗制度保障水平较低，老年农民的养老、医疗问题都面临比较严重的问题。二是农民群体不断分化，产生多样化保障需求。按照农业收入占家庭收入的比重或土地收益在全部家庭生活的重要性不同，农村日益分化出农户、半工半农户、甚至"非农户"。对于非农就业机会较多、非农收入已经占家庭总收入绝对优势的"非农户"来说，承包土地的社会保障作用已经微乎其微。同时，随着城乡一体化的加快，农村经济市场化的加速，世界经济对农村直接影响加大等，农民面临的各种风险挑战的类型发生不同以往的变化。他们所需要的社会保障趋向于多样化。土地只能在最低水平上提供基本的生存保障，而对于社会发展所带来的其他多种风险则难以抵抗。三是征地造成的失地农民问题。城市化的快速发展，使部分地区特别是城乡接合部地区的大批农用土地被征收，转化为非农用土地，产生了失地农民现象。长期以土地为生的失地农民，没有其他的生存技能，只能依靠征地补偿费维持生活。而且，有相当一部分的土地农转非不合法、不规范，失地农民只能得到极为有限的补偿，在失去土地的同时也面临着失业的风险。

5.3.2　实现社会保障城乡一体化

逐步建立一个较为完善的城乡社会保障体系，把农地从过重的保障功能中解脱出来，是推动农村土地流转的托底因素。在我国目前的城乡二元结构下，城市和农村的社会保障体系是相互分割的，城市和农村实行不同保障类型、不同保障标准、不同保障能力。这种城乡二元社会保障体系，制约着农民工、农民向城市的转移。建设和扩大农地流转公开市场，需要建立和完善覆盖城乡的社会保障体系，这一过程应通过综合性途径完成。

一是加强进城农民工的社会保障。在城市从事工商业的农民工，在城市的社会保障和社会福利安排受到很多制度性的阻碍。例如，由于当前的财政体制，各地区的社会保障和社会福利的覆盖人群仅限于当地户籍人口，农民工作为流动人口，享受不到应有的福利和保障。应当以户籍制度改革为突破口，在大城市、中等城市和小城镇分类推进户籍改革，推进中小城市无条件落户，推进大中城市采取积分制等办法为流动人口落户逐步创造条件。城市社会保障的公共财政支出规模应充分考虑外来常住人口，国家也需要按照不同地区常住人口的分布情况合理配置社会保障公共支出。财政体制改革、户籍制度改革、社会保障制度改革等相配合，最终使社会保障与户籍制度脱钩，建立城乡一体、全国统一的社会保障体系。

二是提高农村地区社会保障水平。目前，我国在城市已经基本建立了广覆盖的基础社会保障体系，包括居民基本养老保险、基本医疗保险、最低生活保障、住房保障供给等，保障水平也呈现逐步提高的趋势。但是，从农村地区来看，农村合作医疗、医疗保险、养老保障、最低生活保障等的覆盖率和保障水平都相对较低。以养老保障为例，城市养老已经探索形成了社会养老、居家养老、社区养老、以房养老等多种适宜的养老方式。但在广大的农村地区，农民仍以家庭养老为主，辅之以少量的社会养老，如乡镇办敬老院等。推动农地健康有序流转，要完善保障制度、提高保障水平，把农民从土地保障中解脱出来，以综合性的社会保障解决他们的后顾之忧。

三是建立区域间社会保障衔接机制。目前，我国的社会保障制度仍然是区域性的，各级行政区划单位在保障内容、保障水平、覆盖人群等方面的制度规定不尽相同，基本上是考虑本地区财力和保障人口等因素的"地方策"。分割的社会保障制度与规模化的人口流动特别是跨区域流动形成了突出的矛盾。目前，是否应当建立全国统一的社会保障体系，还存在一定的争论，焦点在于是否应当考虑先行财政体制下各地的保障能力差别。但是，为解决以农民工为主体的流动人口的社会保障问题，当务之急是建立跨区域的社会保障衔接机制。这种机制不要求区域之间的保障水平一致，而是为流动人口的社会保障提供一个平滑转换的办法。不同地区仍然实施辖区的社会保障计划，但是应通过合理的衔接机制实现跨区域的对接。这种衔接机制在技术上不存在太大困难，关键取决于区域间政府和社会保障管理部门相互协调的努力。目前重要的工作是，上级政府应为下级政府间的社会保障转移对接提供财政补偿机制，如省级财政支持地市之间的社会保障对接、中央财政支持省级政府之间的社会保障对接。

▊ 5.4　本章小结

本章分析了我国农地流转公开市场建设的前置条件。主要是农地使用权的物权化。赋予承包经营土地以完整的、真正的权能，能够按照一般物权行使各种权利，应以法定的形式确立农民土地使用权的物权性质，明确土地使用权的内容。农地流转供求的规模化。没有需求就没有市场，一定体量的土地流转规模是农地流转市场建设的必要前提。随着农业现代化和城镇化的推进，农地适度规模经营和土地流转的需求今后将更加旺盛。健全农村的社会保障体系。社会保障是我国农村土地一项非常重要的功能，农地首先是作为基本生活保障存在，其次才是一种可增值、可变现的富余"资产"。对于一部分不再以土地为主要生活收入来源的非农就业者，必须系统地解决他们的社会生活保障问题，以较为完善的城乡一体的社会保障体系代替土地的保障功能。

第 *6* 章

中国农地流转公开市场的机制分析

所谓的农地流转公开市场机制，就是形成和推动农地流转公开市场顺利运行的一系列主体关系、制度功能及其相互关系等。这里，着重讨论市场主体地位、信息的流通机制、价格等的形成机制等，在这些机制共同作用下，形成不同的农地流转市场模式。

■ 6.1   主体平等机制

一般地，农地流转市场的主体包括产权主体、管理主体、交易主体等。村集体经济组织是农村土地的发包方，是产权的拥有者；地方政府是农地流转的监督、管理者，对农地流转活动经常会产生非市场因素的影响；农户和流转农地的使用方式以及农地流转活动的直接交易者，是市场的主体参与者，也是最直接的利益相关者。① 一个公开的农地流转市场，首要的是确保各参与主体之间的地位平等。

---

① 在对浙江嘉兴"两分两换"（将宅基地与承包地分开，搬迁与土地流转分开，以承包地换股、换租、换保障，推进集约经营，转换生产方式；以宅基地换钱、换房、换地方，推进集中居住，转换生活方式）模式的研究中，李勇、杨卫忠将土地流转参与主体分为地方政府、普通农户、农村集体经济组织，以及农业规模经营主体。李勇，杨卫忠. 农村土地流转制度创新参与主体行为研究 [J]. 农业经济问题, 2014 (2).

6.1.1 地方政府

地方政府，一般是指县、乡镇一级基层政府机构。基层地方政府不是农地流转的直接市场参与者，但其在农地流转中承担的促进、监督、协调等作用，在很大程度上影响农地流转的宏观方面，对于具体的农地流转交易也往往能够施加影响。地方政府代表和执行中央的宏观政策意图，也有促进本地区经济社会发展的地方利益要求。地方政府对于农村土地的流转，具有不同的动机和利益选择。

一是地方政府对于农地流转的行政强制。我国的农地资源是村集体所有制，县、乡地方政府在其中并没有直接的经济利益。农地流转的收益只能局限于村集体成员内部，地方政府没有获取利益的直接途径。但是，农业现代化是我国农业发展的总方向，中央政府做出了鼓励承包地土地流转、推动农业规模经营的决策，这一决策有形或无形地纳入了地方政府的绩效考核体系。为了取得农地流转的"政绩"，地方政府会采取选择性宣传等方式，强力推进农户流转承包地。

二是地方政府的土地非农化动机。地方政府有促进本地经济社会发展的利益要求，在先行分灶吃饭的财政体制下，增加地方财政收入是其重要任务。土地非农化使用具有更高的报酬率，地方政府要实现财政收入的迅速扩张，趋向于把土地资源配置给边际报酬率较高的非农部门和产业。从目前的政策约束来看，现有的征地制度使地方政府能够以低成本征得土地，以高价格出让土地。巨额的土地出让金成为地方财政收入的主要来源，"土地财政"成为地方政府改变土地农业用途的直接动机。为防止土地过度非农化，中央提出要确保18亿亩耕地"红线"，保障国家粮食安全，地方政府改变土地农业用途的行为受到严格限制。但是，在实际操作中，一些地方政府往往采取规避相关政策要求的"擦边球"对策，如以化整为零的方式来规避面积较大征地项目的审批，从而实现扩大征地规模。

三是地方政府与民争利的倾向。地方政府具有经济主体和政策制定主体的双重身份。一方面，各地方在经济发展方面存在着激烈的区域间竞争，决定着地方政府是一方区域经济的推动者，甚至在某些方面扮演着主导者的角色。另一方面，在行政管辖范围内，地方政府是施政者和政策制定者，拥有制定规则的实际权力。在农村土地流转尚未完全市场化的条件下，这种规则制定权将会深刻影响土地流转的规模、流向、方式、价格，以及更为复杂的利益分配机制。在"对上负责"的行政体制下，地方政府可能会制定出台一些与民争利的政策举措。

6.1.2　村集体组织

根据《中华人民共和国农村土地承包法》，在村一级层面，耕地、林地、集体建设用地等土地属于村民集体所有，村集体经济组织或村民委员会作为村民自治机构，是农村承包地的发包人和农民集体土地所有权的实际代表人。农村集体经济组织是由原人民公社体制下的农业生产组织，经过改革、重组演化而来的农民合作经济组织，还包括经济联合总社、经济联合社、经济合作社和股份合作经济联合总社、股份合作经济联合社、股份合作社等。实际上，在全国范围内，村集体经济组织的建立和发展很不平衡，大多数农村承包地发包方的具体存在形式是村民委员会。

经济职责是村委会的重要职能。一是在现行的农村集体土地所有制下，村委会代理集体土地的所有权，管理属于村农民集体所有的土地；二是组织农业合作化生产、专业化生产；三是发展村集体经济。根据《中华人民共和国土地管理法》，农村土地属于农民集体所有，但是法律没有具体地规定"集体"获得土地所有权的渠道和方式，因此，村民委员会常常被认为或自视为集体土地所有权的代表者。对于集体土地是否流转、如何流转，在村民大会、村民代表大会制度尚不完善的条件下，农民往往丧失了发言权。一些村级组织只是把已经发包的家庭承包地作为农民集体土地，而垄断了集体机动地、未利用土地的所有权，经村主任一人决定或村干部商议就对外出租、转让，集体土地流转收益由村委会支配和使用。同样，乡村干部也是承包地的发包决策和具体操作过程的主导者，土地事实上是其能够施加重大影响的一种非市场资源。有些地区村集体经济组织违法现象严重，一些村委会将土地非法出租、转让，并将收益用于村委会干部个人消费；一些村委会的土地管理混乱，以各种名目侵犯农民的承包权，甚至强行收回承包地再对外转包。

村委会等村集体组织是集体土地所有权的执行者，但真正的所有权人是农民集体，在法律上是村民会议或村民代表会议。集体土地发包、出租等处置的重大问题，应当经过村民会议或村民代表会议决定。在村民会议（村民代表会议）与村委会经选举形成的"委托—代理"关系中，村委会的代理人职权一旦产生，就有着超越委托权限行事的可能。必须严格限制村委会的权力，实行村务公开制度，强化对村委会权力的民主监督，使村委会在法定权限内履行农地流转的管理和服务职能。

6.1.3 流转主体

农村土地的流转主体，指的是土地流转的直接参与者，包括以土地承包经营户为主的转出方，以及涉农工商企业、种植大户、新型经营主体（如家庭农场、农民专业合作社）等转入方。

1. 转出方

现阶段，农地流转的转出方一般为农村土地承包经营户。农村土地承包经营户也就是通常所说的农户，是指农村集体经济组织（行政村、自然村）的成员，与集体签订土地承包经营合同并取得土地使用权，以家庭为单位、主要依靠家庭成员的农业生产劳动获得收益的社会经济单位。在我国农村，工业化、城市化加快了农村富余劳动力向工商产业的转移，农户的类型已经发生了比较大的分化，不同类型的农户在土地流转中，有不同的利益诉求。一些家庭已经不再以土地的生产经营收益为家庭收入的主要来源，如年轻的家庭成员离开土地，到城镇从事制造业或服务业，以工资性收入为主，成为"非农户"。土地收入对于"非农户"的重要性程度降低，他们有着转出承包地的意愿。

2. 转入方

农地流转的转入方，也叫受让方。根据《农村土地承包经营权流转管理办法》的规定，农户、其他从事农业生产经营的组织或个人都可以作为农村土地承包经营权流转的受让方。在同等条件下，同一集体经济组织（行政村、自然村）的村民享有优先权。受让方应当具有农业经营能力。农地流转不能改变土地的用途，不能从事农业以外的其他经营。

从目前来看，农地流转的转入方，有农户和规模经营户、工商企业、农业龙头企业和农民专业合作组织等新型农业经营主体。根据有关调查，目前农户之间的土地流转占到土地承包经营权流转总量的60%以上，其余为转入涉农企业、农业专业合作社等。2014年，中办、国办印发了《关于引导农村土地经营权有序流转，发展农业适度规模经营的意见》（以下简称《意见》），对农地流转的不同转入方做出了规范和指导。

农村土地可以流向以下农户或组织，从事不同类型的农业经营活动。一是规模经营户，即专业农户和家庭农场。鼓励农地经流转后集中连片，形成高标准农田，支持农地优先向专业大户、家庭农场等规模经营农户流转。家庭农场是现代农业经营重点培育发展的经营实体，具有以下几个方面的主要特征：第一，从事家庭农场生产经营的主要劳动力是本家庭成员，也可以雇用一部分劳动力进行生产；第二，家庭农场的主要收入来源于农业生产经营活动；第三，所从事的农业生产活动具有专业化、集约化、商品化等特征。二是新型农业合作组织。农业专业合作组织，是土地的合作、资金的合作、劳动的合作、营销的合作。《意见》鼓励承包经营农户共同经营开发土地、共同使用农业机械、进行联合市场营销，发展联户生产经营，引导农民发展专业合作社联合社，允许农民以承包权和经营权入股发展农业产业化经营。三是集体经济组织。经集体经济组织成员协商一致，鼓励有条件的地方统一连片整理土地，由集体统一组织生产经营或统一对外租赁经营，对农户的土地按照一定的计算方法折算成股份，按股份分配集体土地经营收益。同时，引导农民以承包地入股，成立农民土地股份合作社，通过自主经营、对外出租经营等方式发展规模化农业。四是农业产业化企业。重视在农村引进从事现代农业生产经营的龙头骨干企业，鼓励农地向这些涉农企业或企业集团流转，重点开展农产品加工流通和农业社会化服务，推动农业生产经营的产业化。鼓励城市工商资本进农村，发展良种种苗繁育、高标准设施农业、规模化养殖等现代种养业，鼓励企业开发农村荒山、荒沟、荒丘、荒滩等未利用资源。

6.1.4 主体地位平等的实现

保障市场主体地位平等，是农村土地流转公开市场建设的首要条件。所谓的主体地位平等，就是在农地流转过程中，各类参与主体，包括地方政府、村集体组织、农地流转双方等，按照各自在市场中的实际地位，分别承担市场职能，行使相应权利、履行相应义务。

在法律层面，农地流转的各市场参与者作为一般的市场主体得到了比较全面的保护。如《中华人民共和国物权法》第三条规定："保障一切市场主体的平等法律地位和发展权利。"第四条规定："国家、集体、私人的物权和其他权利人的物权受法律保护，任何单位和个人不得侵犯。"行政规章及规范性文件等也对市场主体的平等权益做出了规定。如上述《意见》规定："土地承包经营权属于农民家庭，土地是否流转、价格如何确定、形式如何选择，应由承包农户自主决定"。

应当看到，农地流转市场主体地位是否平等，主要体现在实际的土地流转活动中。我国农地流转中的大部分不规范、不合法行为，多数与没有保障主体地位的平等有关。

在当前条件下，农地流转中的市场主体地位不平等，集中地体现为农户在土地流转中的合法权益得不到相应的保障。在实际的农地流转活动中，由于农民的知识水平和结构，特别是市场经济知识欠缺，交易信息掌握不充分，依法维权意识不强等原因，在农地流转中往往处于劣势或弱势地位。保障农户的市场主体地位平等，主要表现在两个方面：一方面，要限制强势地位主体的非法权力；另一方面，要赋予和保障农户合法正当的流转权益。

一是严格防范地方政府滥施公权力。在现行财政体制和政府绩效考核体制下，县、乡一级地方政府有着发展地方经济的天然冲动。通过农村土地整理、流转和集中，引进大型农业企业或涉农工商企业，达到一定的规模经营，从而增加地方税收，提高行政绩效，无疑是推动地方经济发展的一条重要途径。也就容易出现通过定硬性流转任务、下流转规模指标、考核农地流转绩效等方式的搞"大跃进"、强迫命令、行政瞎指挥等现象。

要通过制定法律和行政规章、严格行政执法纪律、推进行政复议和诉讼等措施，限制这些地方政府滥用行政权力。地方政府的主要精力应当放到服务和管理上，如健全农地流转市场的规则、场所、载体等，为交易双方提供流转信息、培训流转合同等知识，对不规范的农地流转活动进行监督、纠正、惩处等。

二是规范村集体经济组织的流转行为。村集体组织或村委会，是农村承包经营地的发包方，也是集体土地产权的实际代表人，在一次发包时拥有较大权力。在农户土地流转中，也往往是正常流转行为的直接干预者。要做好村委会层干部的监督管理，防止他们在双方交易过程中施加不当影响。

三是提高农户的市场经济意识和能力。一直以来，农村的市场经济活动不发达，主要是家庭式小生产方式，只是在基本的生产和生活资料方面才看到简单的商品经济，缺乏产生市场经济意识的土壤，使农户有着难以适应市场的弱质禀赋。现在，市场经济活动正在越来越频繁地进入农村，农民也正在得到更多的市场经济的经验和考验。但是，农地流转作为一项不经常发生的市场活动，对于每一个农户可能只会经历一两次。这就需要政府建立一个高效的信息流通渠道，通过农民乐于接受的形式开展农地流转知识培训教育，如培训关于合同法的知识、关于地价估算和价格比较的知识，以及对土地流转收益的计算等知识。

▌ 6.2 信息流通机制

6.2.1 农地流转涉及的信息

一宗农地流转交易，所涉及的信息是多方面的，包括国家农地流转政策、农地流转供求信息、土地市场价格信息、流转双方的背景信息等。这些信息是促成农地流转交易、形成流转价格的基本条件。我国农村土地流转市场发育不成熟，导致信息的严重不对称，影响了土地的流转。

国家农地流转政策信息。这类信息是判断农地流转活动合法性的依据，决定着一宗农地能否流转，采取什么样的方式流转，以及流转完成后，交易双方的利益是否可以得到应有的法律保护。流转双方特别是作为转出方的农户掌握这类信息，对于保障自身合法权益，具有十分重要的意义。

农地流转供求信息。在农村土地流转中，经常出现的一种现象是，土地供方找不到合适的需方，土地需方找不到合适的供方，使农地流转交易难以达成。这是由于供求双方掌握的信息不够充分。对于单一农户来说，往往没有流转交易的实际经验，缺乏了解土地需求信息的渠道，交易活动中的被动性较强。土地供求类的信息，需要在更大范围内搜寻，往往产生较高的成本，不是单纯依靠流转双方能够做到的。必须在政府推动下，依靠掌握更多信息、更加专业的第三方服务机构提供信息。

土地市场价格信息。流转双方对一宗将要流转的土地的价值都有自己的判断。转出方对土地价值的判断，可能基于该地块的地理位置、对家庭经营的重要性、土地的历年收益、对土地的历史性投入，以及一旦转出后，转入方可能获取的收益等。转入方除了对土地的基本属性的判断外，还有对未来土地经营的收益预期。然而，这些对土地价格的判断主观性较强，往往存在对土地价值的偏离。有关土地市场价格的信息，还需要专业的评估机构进行判断，地方政府也会对土地价格给予一定的指导。当然，土地流转的价格完全由合同双方当事人自由协商确定。

流转双方的背景信息。流转双方的背景信息不对称，主要是农户对转入方的信息掌握不充分。特别是在大型工商资本进入农村的情形下，农户对于大型涉农企业的经营状况了解不充分，在土地流转谈判中处于不利地位。而且，在与工商企业的流转交易中，村集体经济组织或村委会为吸引资本进入，往往劝导农户接受不平等的流转价格和其他条件，却缺乏对工商企业的制约措施，造成农地资源的闲置和浪费，损害集体经济利益，或因工商企业违约或经营不善使作为转出方的农户遭受损失。

6.2.2 信息不对称问题的解决

1. 搭建农地流转信息平台

地方政府在农地流转中的主要角色，不是直接介入农地流转过程，而是为农地流转创设各种便利条件，促成土地流转活动的顺利进行。政府应当加快完善农地流转信息采集、发布、共享制度，及时掌握农地流转规模、流转方式、流转用途、流转价格等信息，建立农地流转的档案库，及时发布农地流转信息，实现农地流转的信息化、科学化、市场化。应逐步培育专业的农地流转信息咨询和中介服务机构，形成较为完善的信息网络。通过这些信息网络收集和发布农地供求信息，并综合分析信息、进行土地收益评估，为规范、有效地开展土地流转活动提供参考。国务院引导农村土地经营权有序流转的《意见》也提出，要健全服务于农村土地流转的各类平台型载体，构建完善由县、乡、村三级组成的一体化农地流转服务和管理网络系统，建立健全土地流转监测、统计、报送等管理制度。这些农地流转信息平台具有公共属性，能够在一定程度上减少农地流转中出现的失信行为和利益纠纷事件，使农户更放心地把土地流转出去，加速农地的流转和资源的充分利用。

2. 推动实现流转信息网络化

除上述搭建农地流转信息平台等中介服务实体机构，还可以探索开展"互联网＋"农地流转交易的方式。互联网能够不受空间限制来进行信息交换，网络交换信息具有互动性，使信息交换的使用成本降低。通过互联网，还可以运用云计算、大数据等先进技术，整合有价值的信息资源。目前，全国各地建设了不少省级、市级、县级的农地流转信息网，在供求双方的信息服务方面提供了多种便利。农地流转信息网要在更大程度上发挥作用，必须突破网站的信息展示功能，综合运用先进互联网技术，如移动互联、云计算、大数据、虚拟现实等，增强网站功能，探索开发供求自动比对配置、远程场景化选地、在线谈判等功能。

3. 构建农户与企业信任关系

在很多情况下，涉农工商企业进入农村，获得农户承包地的经营权后，在此后土地经营的劳动用工往往来自当地农户。因此，企业在规模化农地流转过程中，应当建立与农户的互信关系。通过披露企业基本信息、土地经营规划、投资规模等方式，取得农户的理解和认可。

6.3 价格形成机制

一宗农地流转交易的价格形成,一般可以分为两种:一种是转出方和转入方通过协商确定的一个双方均愿接受的价格;另一种是通过中介机构,如土地拍卖机构通过竞价方式确定流转价格。

6.3.1 协商定价

协商定价,也称谈判定价,是指按照市场交易的基本原则,农地承包权和经营权的转出方和转入方进行对等谈判,土地流转的价格由双方共同协商确定。农地流转协商价格或谈判价格的形成,一定是基于市场机制的,作为转出方的农户从自身的经济利益出发,根据自身掌握的承包土地信息、政策信息以及土地流转的供求信息等,自主地做出有利于自己的流转决策,对于是否流转、以何种条件流转,均在双方的谈判博弈过程中体现个人意志。转入方也是根据自己对土地的需求和对拟转入地块的综合信息,提出流转条件。在协商价格的过程中,流转双方充分考虑包括土地级差、流转期限、土地流转供需情况等因素,共同协商来合理确定地租、地价、流转价格、合同条款等。这种土地流转定价方式由于操作简便、农户对自身权益的控制性较好,受到普遍的采用。

但是,由于流转双方对土地价值的判断不同,常常会发生转出方主观高估土地价值、而转入方主观低估土地价值的情况,双方估价相差悬殊使得流转交易不能进行。因此,在实际的土地流转活动中,地方政府往往会根据一个地区农地的整体状况,计算并公布一个指导价格,并根据多种因素进行调整。以河北衡水为例,政府给出了测算农地流转价格的基本方法。

1. 土地流转指导价(即基准价)

当年每亩土地流转收益底线价格 = 每亩土地农业生产常年农产品产量 ×

农产品价格 − 生产成本（包括人工成本）。

2. 资源要素加权法

根据资源配置水平，如地形特点、基础设施配套、区位优势等情况，确定相应的流转浮动收益。

3. 递增幅度测算法

根据物价上涨情况，确定土地流转收益递增幅度。指导流转双方在合同中约定，按一定年限递增一定比例的土地流转价格。

4. 特定因素调整法

根据自然灾害、国家重大政策调整等特定因素，经双方协商可依法对土地流转价格做出相应的调整。特定因素包含的内容和土地流转调整价格由土地流转双方在合同中协商确定。

协商价格的确定实际上就是流转双方进行交互谈判的过程。谁掌握的信息充分，谁就拥有较重的谈判砝码。也要区分多种情况。如果是农户与农户之间的土地流转行为，即集体经济组织内部农户之间的土地承包经营权的转包，由于社会关系比较熟悉，对地块的位置、肥力等相互摸底，在协商流转价格时能够比较公平合理。如果是一般农户面对的转入对象是农业产业化龙头企业等涉农企业，则往往处于相对不利的谈判地位，加之村委会为促成本村多个农户、多个地块的连片流转，会存在支持涉农企业的倾向，更加重了农户的弱势地位。因此，协商程序和规则上的平等代替不了协商实质上的平等，地方政府应在维护弱势一方的合法权益方面做好相关工作，特别是加强对工商企业租赁农户承包地的监管和风险防范。

6.3.2　公开竞价

公开竞价是指在农地流转有多个意向需求方的情况下，采取网络竞价、现场拍卖、招投标等方式确定土地流转价格。根据现行法律法规和有关政策规定，对于不宜采取家庭承包方式的"四荒"等未利用农村土地，可以通过招标、拍卖、公开协商等方式承包。通过这些方式承包的农村土地，经依法登记取得土地承包经营权证的，可以采用出租、转让、抵押、入股或其他方式进行土地流转。可见，实行竞争性定价，是确定农地承包经营价格的一种重要方式。网络竞价、现场拍卖、招投标等竞争性定价方式，是确定土地承包权和经营权流转价格的方式，也可以在家庭土地承包权和经营权的流转中采用。

网络竞价或现场竞价（包括拍卖、招投标等）将市场定价机制方式引入土地流转，是确定农地流转价格的一种市场操作方式，有利于体现农地价值的最大化。这种方式是在对农民土地的价值被严重低估的情况下产生的。但是，由于这些竞价方式程序复杂、专业性强，并产生较高的中介服务费用，一般的农户很少利用这些形式转让家庭的承包地。一般是在家庭承包经营户委托村集体经济组织或村委会实行规模化流转的情况下采用，通过农村土地经营权流转交易市场，包括农村土地经营权流转服务中心、农村集体资产管理交易中心、农村产权交易中心（所）等进行实际操作。

在各地的实践中，农地流转竞价的方式更为灵活多样。如《南昌市农村土地承包经营权流转交易规则（试行）》规定，农村土地承包权流转交易可以采用协商定价、电子竞价、一次性密封报价、综合评审、招投标、公开竞价及其他方式进行。《广德县农村土地承包经营权流转交易规则（试行）》规定的土地流转定价方式有：招投标、拍卖、挂牌、协议转让，以及其他方式。《温州市农村土地承包经营权流转交易细则（试行）》规定，温州市农村产权服务机构对意向受让方的受让申请进行登记，对于只产生一个符合条件的意向受让方的，可以采取协议交易的方式；产生两个及以上符合条件的意向受让方，应采取拍卖或招标等交易方式确定受让方。

6.4 市场交易费用

6.4.1 流转费用的构成

基于对市场交易发生的全过程分析，德尔曼和张五常等认为，交易费用包括了搜寻交易信息的费用、讨价还价和决策费用、监督和执行费用。按照这种交易费用的构成，目前构成我国农地流转市场的交易成本主要有信息搜寻费用、议价决策费用、监督履约费用等。

1. 信息搜寻费用

在一项农地流转活动中，流转主体要获取关于流转双方农地流转意愿的信息，在有流转意向后，需要收集流转地块及相关地块的多种信息，用于比较流转土地的成本和收益，同时，还需要搜寻转入方以及潜在的其他转出方等可能会采取的行动的信息、农村土地流转市场的其他供求信息等。由于农地流转中介服务不发达、政府公共信息平台作用发挥不够，造成农地流转的信息搜寻费用较高。

2. 议价决策费用

议价决策费用，是指在达成流转协议之前，流转双方就农地流转的要素，如流转面积、流转价格、收益分配、风险分担等进行的谈判，做出最终的流转决策过程中发生的费用。谈判的目的在于取得一致意见，这一过程由于流转市场的不发达会造成较高的费用。由于流转信息不完全、不对称，双方对于流转价格等的判断往往异议较大；由于第三方担保机制不健全，双方要防备对方为寻求自我利益而采取的欺诈手法，增加谈判中的不信任因素。

3. 监督履约费用

我国农地流转的很大部分是同一村集体或相邻村集体的熟人之间以口头协议方式达成，具有较大的违约风险，需要进行履约监督从而产生一定的费用。合约签订时，一方可能有意隐瞒、扭曲或伪造信息，特别是当市场条件的变化，使交易的其中一方出于不利状况时，可能借口约定条件改变而停止履行合同约定的内容，从而给流转交易的另一方造成损失。当流转主体之间产生纠纷，不能自行依协议解决，须由村委会调解或经法院裁决，将会发生实地调查、手续费、诉讼费等费用。

6.4.2 交易费用的控制

农地流转的过程，既可以看作是收益最大化过程，即成本既定、双方谋取最大化的收益；也可以看作是成本最小化过程即收益既定，控制交易成本使其最小化。正像科斯所指出的，为了完成一项市场交易，需要进行寻找交易对象、确定交易方式、形成交易价格、监督交易履行等工作，常常有着较高的费用，如果交易费用高到一定程度，将足以使许多市场交易失败、化为泡影。

农地流转中交易费用的高低是和信息对称状况密切相关的。因此，控制和降低各类交易费用，一个关键的问题仍然是市场信息流通、共享渠道的畅通。一切有利于流转信息发现、流通、共享、利用的措施，都是有助于控制和降低交易费用的。

▌ 6.5 本章小结

本章重点分析了农地流转市场运行的市场机制。市场主体地位平等是农地流转市场建设的基本要求，如果市场参与主体不能获得对等的地位，将会扭曲流转信息，扭曲流转价格，不能真实反映农地价值，同时损害流转弱势一方的利益。农地流转市场的主体包括产权主体、管理主体、交易主体等，一个公开的农地流转市场，首要的是确保各参与主体之间的地位平等。保障农户的市场主体地位平等，当然也就表现为两个方面的内容，即限制强势地位主体的非法权力，同时赋予和保障农户合法正当的流转权益。解决信息不对称问题，应当搭建农地流转信息平台，推动实现流转信息网络化，构建农户与企业信任关系。在价格形成机制方面，转出方和转入方可通过协商确定双方均愿接受的价格，也可依托中介机构通过竞价方式确定流转价格。农地流转政策、流转供求信息、土地价格信息等是形成流转价格、促成农地流转交易的重要条件。目前，我国农地流转市场发展还不够充分和成熟，导致流转信息的严重不对称。解决信息不对称的关键在于搭建农地流转信息平台、构建农户与企业的信任关系。农地流转的价格形成总体上可以分为双方协商定价和市场公开竞价，两种价格形成方式适用于不同的流转交易，农地规模流转中采取拍卖、投标等公开竞价方式能够比较真实地反映市场供求状况。

第 *7* 章

中国农地流转公开市场的
构建模式及对策

农地流转公开市场的模式，指土地流转的具体方式是在什么样的市场环境或场景下实现，强调的是土地流转的场所、载体、机制等。按照是否存在物质形态的载体，农地公开市场可以分为有形市场和无形市场两种，无形市场一般指的是不通过中介机构的、流转双方之间直接的规范化交易，有形市场则包括农村产权交易平台、实体化的土地银行、土地股份合作等模式。

7.1 农地流转公开市场的几种构建模式

农地流转公开市场的模式，与农地流转的具体方式不同。后者指的是农村土地承包权和经营权以什么样的形式进行流转，包括了前述的转让、转包、出租、抵押等方式，表明农地承包权和经营权以何种途径和形式进行流转。任何一项规范的具体农地流转交易，都是通过转让、转包、出租、抵押等具体方式完成的，区别是市场载体的不同。农地流转公开市场具体有以下几种模式。

7.1.1 平台交易模式

所谓的平台交易方式，是指农地流转交易不是由土地供给方和土地的需求方之间直接协商完成，而是通过一定的交易中介机构实现。这些中介机构的具体名称各异，如《农村土地经营权流转交易市场运行规范（试行）》指出的，主要包括农村土地经营权流转服务中心、农村产权交易中心（所）、农村集体资产管理交易中心等。这类平台，属于非营利性机构，可以是事业法人，也可以是企业法人。根据农业部的统计数据，到 2015 年末，全国 1230 余个县（市）、17800 余个乡镇已经设立了土地流转服务中心，土地流转合同签订率接近 68%。见表 7 - 1。

表 7 - 1　　　　　部分地区农地经营权流转交易平台的基本情况

平台名称	主要内容
甘肃省陇西县农村土地流转交易市场	建立"一个平台、六个窗口、六项制度、一个运行机制"。一个平台是农地流转信息网络交易平台；六个窗口分别是政策信息咨询、交易登记申请、流转价格（抵押）评估、合同签订及鉴证、经营权抵押登记和纠纷受理（调解仲裁）窗口；六项制度分别对应上述六个窗口工作，建立信息收集发布、交易规则、价格评估、合同签订、抵押登记、纠纷调解等制度；一个运行机制是以平台为载体，统一交易流程，实行分级交易管理方式
武汉农村综合产权交易所	提供产权流转的场所、信息发布、组织交易等服务，提供政策咨询、产权中介、交易指导、业务培训、抵押融资等配套服务。采取"六统一"管理模式，即在监督管理、交易规则、信息发布、交易鉴证、收费标准、平台建设六方面进行统一管理
郫都区农村产权交易中心	按"委托授权—形式审查—信息发布—征集受让方—组织交易—成交签约—结算交割—出具鉴证书—变更登记及备案"的一般程序进行
唐山市农村土地经营权流转交易中心	负责组织开展农村土地经营权交易业务，担负农地经营权流转交易评估，收集、整理、发布流转供求信息等工作。交易中心与县（市）区农村土地经营权流转交易服务中心、乡镇的流转交易服务站密切相连，形成全市的农村土地经营权流转交易服务管理网络

资料来源：根据网站公开资料整理。

根据国务院办公厅《关于引导农村产权流转交易市场健康发展的意见》，农村土地流转交易平台的基本功能包括信息流通、价格形成、交易中介等，主要提供信息发布、业务咨询、产权查询、组织流转等服务，可以根据自身条件，开展法律服务、价格评估、项目介绍、抵押融资等配套服务，还可以入驻财务、审计、法律等中介组织，以及银行、保险、担保公司等金融机构，提供专业化服务。

尽管农户自主决定是否通过平台进行土地承包权和经营权的流转，但是，交易平台的正常运行却一定是以规模化的流转交易为基本支撑的。如何发现、集合、整理、匹配各种土地流转交易需求，是一项重要工作。目前，主要采取建立市、县、乡（镇）、村多级信息网络的形式。一般是在县、乡两级建立土地流转管理服务中心（或服务站），在村一级设立信息联络员。村里农户如果需要转入或转出承包地，可以将相关信息告知村信息联络员，由联络员负责登记土地供求情况，并上报乡镇服务中心（站）。审查通过的土地流转供求信息，将由县、乡土地流转管理服务中心通过互联网、纸媒等途径统一向社会公开发布。

平台交易作为农地流转公开市场的一种主要方式，使政府从直接负责处理土地流转交易行为中解脱出来，解决了政事不分、管理服务不分的问题，使之更加超脱地开展土地流转管理。交易平台规范化的交易过程，健全的管理办法、实施细则、操作流程等制度，有助于使交易过程公开透明，保障交易主体的平等地位。规模化的交易方式，也有助于归集农地流转交易的价格，积累丰富的价格信息数据，为类似农地流转交易提供一个相对稳定的坐标系。

2016 年 6 月，农业部发布了《农村土地经营权流转交易市场运行规范（试行）》，用以指导各地农村土地经营权流转交易各类市场平台的交易活动。

7.1.2 股份合作模式

农地股份合作，就是农户以土地承包权和经营权入股，自发成立土地合作社，土地承包经营权按照一定的价格和计算方法进行量化，经营权转化为股权，农户作为土地合作社的股东。折股入社的土地由合作社统一管理和生产经营，农户除获得在土地上的劳动报酬外，还按照折算的股份从土地经营收益中获得分红。

农地股份合作体现的是要素（土地）股份化、经营产业化、运作市场化，有利于促进农村土地有序流转，发展适度规模经营。对于入股土地如何经营，可以有三种方式①：一是自主经营。农户的承包土地经营权折算

---

① 安徽省农业委员会关于开展农民土地股份合作社试点工作的指导意见 [EB/OL]. http://www.ahny.gov.cn/xxgk/detail.asp? id = 8095, 2016 - 8 - 28.

为股份入股合作社，合作社对入股土地进行统一耕种、管理、核算，经营收益按照股份进行分红。根据个人意愿，入股农民参加合作社的经营、生产，并取得劳动报酬。二是内股外租。保持土地的农业用途不变，合作社通过招商、租赁、入股等形式，将入股的土地统一发包给农业龙头企业或专业种养大户。三是组合方式。合作社根据实际情况，灵活采用两种方式相结合，将一部分土地租赁给农业企业、专业种植大户集中经营耕种，由合作社统一耕种、管理、经营其余的部分土地。

土地股份合作的重点，是土地经营权如何计价折股，合作社如何进行经营决策、对经营收益如何分配和进行风险防控机制，确保入股农户既分享增值收益，又降低失去土地经营收入的风险。股份合作的模式有以下几个方面：

一是在股权设置方面。合作社的股权设置应当按照股权结构采取不同的形式。对于仅以土地承包经营权入股的，土地可以不折价，由合作社对土地统一种植经营或对土地整合后对外出租，经营收入扣除成本后按照入股土地份额进行分配。对于以土地承包经营权为主入股，其他生产要素参股的，入股土地应当作价折股，经营收益按照股份进行分配。

二是股权量化的依据和方法。应当制定明确的股权量化规则，充分尊重入社农户意愿，土地量化折股方式由全体参股农户协商确定。一般地，应当综合考虑政府征地补偿费、本地区的土地纯收益、土地的农业年纯收入、最近年份的土地平均产值、土地承包权和经营权的剩余年限等因素，进行综合评估折价入股。

三是收益分配机制。为了保障土地入股农户的收益，一般可采取保底收益和按股分红相结合的方式。先根据土地经营情况的预测，确定保底分配基数，再按照结算后实现的利润（经营收益中扣减保底红利以及公积金、风险基金等），年底按股进行分红。

四是合作社内部治理结构。在治理结构上一般是采用成员大会和理事会制度，实行"一人一票"的民主管理制度，建立风险共担、收益共享的利益分配机制。成员大会是合作社的最高权力和决策机构，合作社的重大事项，均需要通过召开成员大会进行投票决策。理事会是成员大会的执行机构，具体执行成员大会的决议，处理合作社日常管理经营的相关事务。"一人一票"是每个入股成员对合作社的重大决策享有均等的表决权。对于认购股金较多的成员,在重大财产处置、投资兴办经济实体、对外担保等生产经营活动中的重大事项决策上,可以享有一票的附加表决权。

五是风险防控机制。在保底分红后,土地股份合作社应提取一定比例的风险基金,用以保障股金发放。

7.1.3 土地银行模式

"土地银行"至少可以从三种角度理解,分别是:作为金融机构的土地银行、作为土地储备机构的土地银行和作为土地流转中介的土地银行。土地银行作为土地金融机构,典型的有中国台湾土地银行,其主要是调剂农业金融,办理土地开发、社区发展、都市改良、道路建设等一系列的金融业务,同时也办理一般银行的储蓄、存款、贷款、汇兑等业务。土地银行作为土地储备机构,国外多称之为土地开发公社,如城市土地银行是集中进行土地征购、整理、储备、供应和开发的专门机构。

从土地流转的意义上看土地银行,它的基本运作模式是:由农业生产合作组织采取类似一般性银行的运作模式,农户自愿把土地承包权和经营权按照一定的价格存入土地银行,由土地银行向农户支付存地费,土地银行对存入土地进行整理、打包、划块后贷给规模经营农户或其他农业经营组织,并收取贷地费,赚取存贷差,从而实现农地的规模化、集约化经营。

在农地流转的土地银行模式中,一是土地银行使直接流转化为间接流转。土地的转出方和转入方不需要建立直接的土地产权交易关系,转出方只需将土地存入土地银行,土地的需求方从银行贷出土地,一定程度上解决了信息不对称的问题,双方均无须支付费用搜寻潜在的交易者,使搜寻成本大为降低。二是土地银行使分散化流转变为规模化流转。土地银行从转出方集中收储土地,转入方通过土地银行实现一次性贷出,避免了众多分散的单独交易,简化了合同履行的过程,可以有效降低谈判和决策成本。三是土地银行的专业性强,土地流转合同规范统一,能够降低监督费用和合约履行费用。四是土地银行可以视为一个土地需求调剂中心，能够使流转双方建立长期合作关系，进一步降低了各项交易费用。

在我国的实践中，农村土地银行有多种名称，如农村土地信托中心、农村土地信用合作社、农村土地存贷合作社等。近年来，被称为"土地银行"的流转模式主要有以下几种运作形式，见表7-2。

表7-2　　　　　　　　　　部分地区土地银行的基本情况

地区	名称	成立时间（年）	组建方式	运作模式
山东省诸城市枳沟镇	土地信托中心	2003	土地信托中心是政府派出机构，由枳沟镇政府经管站负责，主要从事土地流转的公共服务工作	农民将承包土地存入土地信托中心，土地的需求方，如涉农企业、种植大户等，通过支付租地费，就可获得土地经营权。存地的农民根据土地等级，每亩地收取150~500元的"利息"。如家庭生产经营需要，存地农民也可以按照规定，从土地信托中心取回承包土地
宁夏回族自治区平罗县	土地信用合作社	2006	由村委会召开村民代表大会，成立"土地信用合作社"，并以社团法人在民政局注册登记，村领导任合作社负责人	农民自愿把自己的承包土地存入土地信用合作社，合作社根据土地的具体情况，向存地农民支付"存地费"。土地信用合作社对存入土地进行整理，再"贷"给规模经营企业或种植大户，并收取"贷地费"
湖北省钟祥市彭墩村	农村土地存贷合作社	2008	村委会牵头，选举16名代表组建筹备小组，制定合作社章程，选举产生理事会和监事会成员	转出经营权的家庭土地承包经营者（存方）将权属明确的承包耕地、林地及自留地等，按协议价格存入农村土地存贷合作社或者委托合作社管理，存方保留家庭承包权，合作社负责经营；有用地要求的经营者（贷方）到合作社支付相应的地租，贷出所需土地，协商签订存（贷）地合同书，领取存（贷）地证，登记存（贷）地台账，并到镇流转服务中心办理合同鉴证及相关手续，依约获取生产经营权。存贷双方在合作社这个平台实现土地经营权的规范流转

续表

地区	名称	成立时间（年）	组建方式	运作模式
四川省成都市彭州市磁峰镇皇城村	皇城农业资源经营专业合作社	2008	遵循"村民自治、政府扶持、市场运作、合作经营"的运行方式，挂牌成立农业资源经营专业合作社管理委员会、监督委员会等机构	中介机构对农户土地确定储存价格；农户自愿将土地存入土地银行；土地银行将存入土地打包、整合或适度改造，维持基本农业用途不变，将土地成片划块贷给土地需求者（如农业企业，种植、养殖大户等），土地需求者向银行支付利息，土地银行再把储存价值兑现给农户
湖南省光由县孙铁铺镇江湾村	江湾农村土地信用合作社	2009	经村民代表大会讨论，社员大会选举产生，并在工商局注册登记。实行社员代表大会、理事会、监事会的管理制度	入社农户把承包的土地"存"到农村土地信用合作社，并按照约定取得"利息"。合作社根据入社土地的位置、土质、交通、水利、电力等条件，把农户存入的土地分为5个等级，1类地每亩每年租金150元左右，5类地每亩每年租金350元左右。合作社整理土地后再发包"贷"出，赚取"租金"。土地产权关系是，土地所有权归集体，土地承包权仍归农民、合作社取得土地经营权

资料来源：根据网站公开资料整理。

当前正在运行的土地银行普遍有以下特点：一是政府主导成立，村干部担任负责人，从发起成立到日常经营都离不开政府的扶持和实际控制。二是多通过工商局或民政局正式登记注册，形式上相对规范。但其实际经营架构仍然比较松散，管理不够严格，部门制度不健全，组织运作效率较低。三是其实质是一种集体经济组织，与国外通行的土地银行有本质区别，是一种通过将农户零散的土地流转给合作社，从而实现土地规模经营的新型农村土地流转方式。

我国目前各类土地银行的最大缺陷在于，土地银行不属于金融机构，金融功能发挥不充分，没有开展农地承包权和经营权的抵押业务。由于各类土地银行多是合作性质，金融风险承担能力弱，开展承包权和经营权抵押存在较大困难。2016年3月，为落实国务院《关于开展农村承包土地的经营权和农民住房财产权抵押贷款试点的指导意见》，中国人民银行印发《农村承包土地的经营权抵押贷款试点暂行办法》，开始了土地经营权抵押贷款的试点工作。在暂行办法中，有资格发放贷款的是银行业金融机构，现有的各类合作性质的"土地银行"被排除在外。

今后，我国土地银行的发展方向应当是，各类农村土地专业合作性质的"土地银行"与正规的银行业金融机构，主要是村镇银行、农村信用社、农村商业银行等开展业务合作，将收存的土地向银行业金融机构进行集合抵押，取得抵押贷款，用于扩大土地经营等活动。条件成熟时，可采取重组、收购、兼并等方式成立专业的土地银行金融机构。

7.1.4 规范自主流转

所谓自主流转，就是农村承包权和经营权流转的供求双方，不通过农地流转交易中介机构，直接自行协商流转条件，签订流转合同，完成流转交易的方式。这类流转模式，主要发生于同一村集体经济组织内的不同农户之间，如转包、互换等流转方式，也存在于农户与农村专业合作组织之间、农户与涉农工商企业等之间。严格地说，自主流转是与这里所讨论的公开市场相对而言的，但它同时又是为公开市场的建立做出的必要准备。没有一个规范化的自主交易市场，农地流转公开市场在农村的、以农民家庭为主的社会基础是不稳固的。

国家在各类土地流转文件中，保护农户的自主流转行为。如《关于引导农村土地经营权有序流转，发展农业适度规模经营的意见》《农村土地承包经营权流转管理办法》《关于引导农村产权流转交易市场健康发展的意见》等都强调承包农户对承包经营权流转的自主决策行为。承包农户拥有按照家庭共同意志独立、自主决定承包土地是否流转，流转给何种组织和个人，以及采取什么样的方式进行流转。承包农户对承包权和经营权的处置具有排他性，任何其他组织或个人都无权强迫或者阻碍承包农户的流转行为，不得侵占承包农户的土地流转收益。

目前，农地自主流转存在的最大问题是流转行为不规范。如前所述，对于以转包、互换等方式，甚至上溯到时间久远的代耕方式，农户之间往往是采用口头协议的方式，依靠地缘、亲缘、人缘关系做合同履行保障，依靠乡规民约对违约行为进行约束和纠正。这些口头协议流转方式，往往产生较大的履约风险，对流转双方都造成一定的损失。

规范化也是农地自主流转的方向。规范，是对农户的土地家庭承包经营权的保护，特别是对基层地方政府、村委会和村集体经济组织侵犯农户利益的限制。例如，《关于引导农村土地经营权有序流转，发展农业适度规模经营的意见》对农地流转活动中保护农户的合法权益进行了特别强调。① 强调的核心是规范，主要是限制农村基层组织，包括基层政府、村集体经济组织等不得采取任何方式强制农户进行土地流转。规范是对农户自主流转交易的法律意义上的保护。一宗规范的农地流转交易，要有受到《中华人民共和国合同法》等法律保护的书面流转协议；流转价格要在适当的范围内，不可显失公允；协议签订要反映双方共同意愿，一切在协议签订之时未被发现的欺诈行为，都会在法律追诉期内予以否定、受到惩罚。

对自主流转交易进行规范化的主要着力点，仍然是以公开市场的各类要件为取向，如保障流转双方的平等地位，保障流转信息公开、对称，流转价格形成能够反映土地市场供求。

7.2 农地流转公开市场构建的对策

7.2.1 扎实推进土地承包经营权确权登记颁证

具有明确的物权权属是农地流转的重要条件。目前，不少农村地区还存在承包经营土地四至不清、权属不明的问题，土地流转缺乏最基本的前提。必须通过认真细致的确权工作，以土地使用权证的形式，把土地权益的各项内容固定下来，作为行使土地权益的重要凭证。所谓土地确权，是

---

① 《关于引导农村土地经营权有序流转发展农业适度规模经营的意见》提出，要严格规范土地流转行为，没有农户的书面委托，农村基层组织无权以任何方式决定流转农户的承包地，更不能以少数服从多数的名义，将整村整组农户承包地集中对外招商经营。防止少数基层干部私相授受，谋取私利。严禁通过定任务、下指标或将流转面积、流转比例纳入绩效考核等方式推动土地流转。

按照法律法规和政策规定，采用科学的调查、测量、统计、记载等方法，确定土地所有权和使用权等的隶属关系和其他与土地有关的权利。土地确权要经过一系列完整的程序，包括土地登记申请、地籍调查、土地归属审核、登记注册以及颁发土地证书等，土地的权属才能得到最后确定。

自 2009 年以来，农村土地承包经营权确权登记颁证工作加快推进，中央明确要求建立土地承包经营权登记制度，逐步推进确权登记颁证试点。经过农业部的推动，截至 2016 年 3 月底，全国已有 2434 个县、2.6 万个乡镇、43.8 万个村开展了这项工作。2016 年，在前两年选择山东、安徽、四川等 12 个整省试点的基础上继续扩大试点范围，再选择河北、山西、辽宁、内蒙古等 10 个省区整省区推进，试点省区共计达到 22 个①。健全土地承包经营权登记制度是一项基础性工作，有利于维护土地承包关系的稳定，推动承包经营权有序流转，促进农村土地适度规模经营。规范的做法是，权利的取得有承包合同为凭据，权利的记载由登记制度为保障，以颁发使用权证书来证明各项土地权利。原则上，确权登记应当做到确权到户到地，经村集体经济组织成员协商同意，也可以确权确股不确地。中央提出，继续稳步扩大试点范围，用 5 年左右时间基本完成确权登记颁证工作，使当前普遍存在的承包地块面积不准、四至不清等问题得到较好的解决。

确权登记颁证要做到有据可依，依据是集体经济组织发包土地的土地承包台账、发包方与农户签订的承包经营合同或证书。确权工作要保持承包关系稳定、长久不变。要严格执行国家有关农村土地管理的法规、政策，按照规定的程序进行操作。要以集体土地所有权的确权登记为依据，按照第二次全国土地调查成果数据，采取符合标准规范、农户认可的技术方法。坚持分级负责，强化县乡两级的责任，健全党政统一领导、部门密切协作、农户广泛参与的工作机制②。

---

① 搜狐网. 农村土地承包经营权确权登记颁证试点省份达 22 个，http：//www. sohu. com/a/109932076_119666，2016 – 08 – 10

② 中共中央办公厅、国务院办公厅印发《关于引导农村土地经营权有序流转发展农业适度规模经营的意见》［EB/OL］. http：//news. xinhuanet. com/politics/2014 – 11/20/c_1113339197. htm，2016 – 9 – 11.

7.2.2 推动完善农村承包经营土地 "三权分置"

农村承包经营土地的"三权分置"是农村改革的一项重大制度创新，进一步明确了农村土地流转的产权配置前提。应当按照农村土地所有权、承包权、经营权分置的要求，推动农业管理部门和农村集体经济组织加强实践探索，以多种有效的形式落实集体所有权、稳定农户承包权、放活土地经营权，充分发挥土地权利分置的作用。

一是确认土地权利主体，明确权利归属。"三权分置"的前提是主体清晰、权利明确、责任清楚。权利主体方面，土地的所有权归集体，承包权归依法承包土地的农户，经营权归以合法途径获得经营权的土地经营者。确认土地权利主体，当前关键的任务仍然是推进土地权利的确权登记颁证工作。通过法定的形式、科学的方法、先进的技术、明确的记载、完善的调解等，把集体所有权、农户承包权、土地经营权等确认下来，以证书的形式固定下来，为土地权利的行使奠定制度基础。

二是推动先行先试，总结可复制经验。在有条件的地区，推动开展土地承包权有偿退出、土地经营权抵押贷款、土地经营权入股经营等试点。这些试点，应当首先选择在经济发达地区开展。经济发达地区的社会保障体系较为完善，农村金融体系健全，涉农工商资本实力较强，能够为上述试点提供保障。例如，土地承包权有偿退出，是建立在承包农户已经有长期稳定的非农产业收入来源、有着对未来社会保障的良好预期的基础之上的，有偿退出承包地，不足以对农户的生活造成影响。又如，土地经营权抵押贷款的发放，前提是试点地区农村金融体系完备，支付环境、信用环境、业务网点、法治环境等条件较好，农村金融市场的活力较强。

三是完善"三权分置"法律法规。通过开展"三权分置"具体工作的试点，总结可复制、可推广的经验，为完善法律法规奠定基础。加快修订完善农村土地承包法等相关法律，体现"三权分置"的要求。同时，要开展与"三权分置"相关的农村集体经济组织、经营权入股农业产业化经营、家庭农场等法律问题的调查研究。进一步研究落实农村土地"三权分置"的具体办法。

7.2.3　培育发展各类土地流转中介服务机构

农地流转是农民土地权益的流转，同时也是农地信息的识别、归集、分析、转移等复杂的处理活动。农地流转双方、政府管理机构没有能力也没有必要承担起各类信息处理工作，应当借助多种中介机构，利用其专业知识和技术，完成公正性、代理性、信息技术服务性等服务。目前，各地成立的农地流转平台，是一种综合性的中介服务组织，已经承担了农村土地流转的部分中介服务职能，主要是交易服务职能。除此之外，还有各种评估、咨询、代理等专业性中介服务，社会组织也应当重点培育和发展。

一是土地评估中介机构。土地评估中介机构是从事土地估价业务活动，参与土地价格管理服务的经济鉴证咨询类社会中介组织。这类机构主要提供对土地及其地上物、附着物，如构筑物、林木、青苗等的市场价值进行科学分析测算判定服务。包括集体土地所有权流转过程中土地使用权价格的评估，土地使用权抵押、不动产课税及司法仲裁涉及的土地估价业务，农用地分等定级估价和农用地区片综合价等土地估价、策划、咨询、规划等业务。专业性的土地估价，有助于科学确定土地价格，显化农地价值，为土地流转提供合理的交易标准。

二是土地融资机构。这类机构属于金融机构，接受以农村承包土地经营权等为抵押进行融资，有助于实现农民完全资产产权，解决农村贷款难、激活农村金融市场。2008年，中国人民银行、银监会印发《关于加快推进农村金融产品和服务方式创新的意见》，推动开展农村土地和林权抵押融资试点。根据该意见，家庭承包土地经营权和收益权、专业合作社股权以及集体建设用地使用权等多种权益都可以进行抵押融资。但由于农村土地产权不稳定、缺乏有效的农地分级评价体系、土地交易市场流动性较低，以及农地抵押权实现存在困难等，土地融资业务开展受到一定限制。土地融资机构对于向单个农户发放农地抵押贷款的意愿不强，更愿意面向农业种植大户、土地合作社、涉农企业等开展土地经营权抵押贷款业务。[①]

三是土地保险中介机构。这类中介机构为土地的投资经营活动提供保险业务，对因受到自然灾害或者发生意外事故造成的财产损失给予赔偿。保险机构还可以通过收受超过抵押期而不能偿还贷款的土地并将其出租、转让，发挥土地使用权交易的中介机构。[②]

四是土地租赁公司。一般是使用自有资金或银行贷款，收储农户无意或无力种植的承包地，经过土地整理后向农业种植大户、土地合作社或涉农工商企业转租，赚取土地租金差价。

五是信息中介机构。这类中介机构是一种专门为农地流转交易提供信息服务的机构。目前，各级政府成立的农地流转交易服务平台，基本上履行了信息中介的职能。但是，这些平台的官方色彩较浓，中立性不够，应当坚持去行政化的方向，对行政主导型的平台机构进行改革，培育和发展一批专业的、社会化的第三方信息中介组织。

农地流转中介服务机构的培育发展，应当坚持市场化的"四自"方向，即自主经营、自我约束、自我发展、自担风险。中介机构的经营决策应当具有独立性，在法律许可范围内决定组织的经营，不受其他任何组织或个人的干预。应当对自己的经营决策行为负责，制定内部控制和管理规范，在现行法律和政策框架内开展业务。中介组织的业务发展应当是接受但不依赖于政府机构的扶持，按照组织制定的经营发展方向开展业务活动，独立承担业务经营中的各种风险。政府要着力中介机构的品牌化培育，推进中介机构的整合、重组；加强对中介组织的监管，加大对违规行为的处罚力度，维护良好的农地流转市场秩序。

7.2.4 加强对农地流转公开市场的管理监督

健康有序地推进农地流转，既要使市场在配置资源中起决定性作用，

---

① 程郁，张云华，王宾. 农村土地产权抵质押：理论争论、现实困境和改革路径 [J]. 金融监管研究，2014（10）.

② 胡亦琴. 论农地交易制度的市场化改革 [J]. 财经论丛（浙江财经学院学报），2003（12）.

又要更好发挥政府作用。加强对农地流转公开市场的监督管理，是基层政府和农村土地主管部门的一项重要职能。

一是监督管理农村土地用途。土地是一种具有稀缺性和不可再生的资源，农业生产用地尤为如此。在快速的城市化过程中，土地作为一种稀缺的资源，非农用地特别是城市公共基础设施建设、房地产开发等建设用地的价格上涨速度远高于农用地价格的涨速，工商、城建等用地规模不断扩大，农业用地会必然受到侵蚀。这实际上符合国民经济发展格局的演变中土地利用结构必将出现的一致性变化。但是，由于在土地由农用转非农用的过程中存在着巨大的价格差异，致使农地流转成为一些组织和个人获取非正当利益的渠道。如一些村集体组织以土地承包经营权流转为名，违反农户的意愿收回承包地，对外招商出租，用于工商业开发经营；有些村民违反国家规定和承包合同约定，随意处置家庭承包地，改变耕地的农业用途。这些行为与通过流转达到集中适度规模经营的方向背道而驰，对农村土地资源构成了极大的破坏，不利于农地流转市场的健康发展。政府部门必须对以流转方式非法改变土地用途的行为加强制止。

二是监督调控农地流转价格。农村土地承包经营权无偿或低偿获得，解决了长期以来没有解决的农民无地、少地的问题，但远低于土地真实价值取得土地，也成为不利于农地流转的因素。由于土地承包经营权是以拥有集体成员资格为前提、以发包这种非市场化方式取得，造成土地的实际价值得不到应有的体现，在一些人少地多、土地产出效率低的地方，土地承包经营权甚至会被作为负担转嫁出去。目前，我国还没有形成完善的农地流转价格评估制度，农地流转缺乏可靠的价格参考系，农地流转价格大大低于土地的实际价值。无偿或低偿流转造成土地转用、滥用、抛荒等问题，对农村土地资源的可持续利用造成危害。政府监督管理的重要内容是建立农地流转价格评估制度。价格是市场的晴雨表，在成熟的农地流转市场中，土地流转价格是最敏感的调节工具。政府部门应当在宏观层面对农地流转价格进行监督和调节，主要是建立农地流转价格评估体系，指导建立流转价格形成机制，监管流转价格是否公平、合法，监管手段应以经济手段为主。而不应作为市场的直接参与者，具体地干预流转价格，应当使流转主体通过协议、竞价、拍卖、招标等市场方式确定流转价格。

　　三是监督管理主体经营能力。土地流转本身不是目的,一项土地流转应当考虑两个方面的效益:一方面,流转双方的效益,能否通过流转体现出转出方对土地投资形成的价值;另一方面对农村经济发展而言,土地流转是不是对规模经营有促进,对土地生产经营效率有提高。土地只有在种植等生产经营活动中才能体现出其价值,土地流转的转入对象的生产经营情况至关重要。我国农地流转市场的准入门槛较低,这为部分涉农经济组织低价转入和囤积农地,进行土地投机提供了便利。村集体经济组织在审核农地流转合同时,有义务审查土地转入方是否具备适宜的农地经营能力和投资能力,但是为了促成土地流转,这种审查往往失之于宽,不能尽到实质性审核的职责。政府土地管理部门应当把土地转入方的经营能力和经营规划作为重要的监管内容,切实开展调查工作,确保农用土地流向那些真正的需求者而不是囤积者。应当对转入土地的经营情况进行跟踪监督,对于未在土地上进行真实的农业投资和经营活动的,督促其加快投资进度,否则,可按照有关法律规定,予以相应的处罚或收回土地。

　　四是监督流转各方利益是否平衡。参与农村土地流转的各类市场主体,包括村集体组织(村委会)、以承包农户为主的转出方、从事农业生产经营的经济组织或个人等转入方,分属于不同的利益群体,有着各自的利益诉求。在土地流转市场上,转出方和转入方是最主要的交易主体,双方通过一个科学合理的流转价格达成利益分配关系。政府应当通过监督、调控土地流转价格,排除干扰市场价格的非经济因素,达到双方利益平衡和协调。村集体经济组织与承包户(转出方)之间有着在根本利益上的一致性,但在具体利益上也存在一定的差别。二者的利益分配在初次发包时以承包合同的形式完成。在农地流转过程中,村集体组织除了履行农地流转合同的相关程序,并不直接参加流转收益的分配。但是,实际流转中却经常发生村委会、村干部擅自利用掌握的权力,非法干预土地流转、侵占流转收益,侵害农民利益的现象。政府部门应当加强对村集体经济组织的监督,特别是加强对村委会干部的管理,防止其采取不当手段,干预农地流转的具体环节,侵占土地流转收益,影响农地流转的顺利开展。

7.3　本章小结

　　本章所讨论的农地流转公开市场模式，是土地流转的场所、载体等，指农地流转方式是在何种市场环境或场景下实现的。按照是否存在物质形态的载体，农地公开市场可以分为有形市场和无形市场两种。平台交易方式是指通过一定的交易中介机构实现，有助于使交易过程公开透明，保障交易主体的平等地位，也有助于积累丰富的价格信息数据，为类似农地流转交易提供一个相对稳定的坐标系。农地股份合作，体现的是要素（土地）股份化、经营产业化、运作市场化，有利于促进农村土地有序流转，发展适度规模经营。而真正的土地银行应当是一类金融机构，今后我国的土地银行应当走金融化的方向，条件成熟时成立专业的土地银行金融机构。规范化自主流转的着力点，是以公开市场的各类要件为取向，保障流转双方的平等地位，保障流转信息公开、对称，流转价格形成能够反映土地市场供求。构建一个健康有序运行的农地流转公开市场，应扎实推进土地承包经营权确权登记颁证，积极推动完善农村承包经营土地"三权分置"，培育发展各类土地流转中介服务机构，同时加强对农地流转公开市场的管理监督。

第 8 章

结　论

　　党的十八届三中、五中全会及近年来的中央一号文件，都把有序推进农村土地流转、完善土地流转市场作为农村经济改革和发展的重要内容。《关于全面深化改革若干重大问题的决定》提出，"鼓励土地经营权通过公开市场向专业种养大户、家庭农场、农业专业合作社、涉农企业等流转，发展多种形式的规模化经营"。这里的"公开市场"，并非是一个相对于地下市场、私下流转的无足轻重的限定词，而是有着更重要的指向。公开市场也是经济学中早已存在的一个重要概念。在我国的农村土地流转过程中，如何以建设公开市场为取向，完善土地流转的各种要素、机制、载体等，是一个具有现实意义的重要命题。

　　本书认为，一个完善的农地流转公开市场应当符合多种特征。一是主体地位平等，市场中的任何交易主体都是按照自己的意愿，在法律框架下自主地参与流转活动，不受任何非市场因素的影响。二是农地流转是具有理性特征的市场，参与的双方都具有"经济人"的属性，双方对自己所要达到的目的具有明确的认识，流转行为都是有意识的和理性的，双方应当追求满足利益最大化。三是农地流转公开市场应当是充分竞争的，大量的流转双方进行大量的自主、分散交易，没有任何一方或其他组织或个人掌握足以垄断流转的资源、权力，以使流转价格维持在合理的水平。四是农地流转应实现信息对称，交易双方掌握的信息在数量、质量上必须对等，农地流转市场的信息不对称，有流转主体自身的知识结构原因，也有政府职能发挥不够的因素。五是农地流转价格的形成应由市场机制决定，除市场因素外，交易价格不受其他非经济因素的影响。

本书提出，建设农地流转公开市场必须满足一系列前置性条件。现实中的农地流转市场，不可能具备或同时具备这些苛刻的公开市场条件，还存在着协议市场和隐性市场，市场主体地位不平等、流转信息不对称、价格形成非市场化等问题也普遍存在。第一个条件是要确保土地承包权和经营权具有完整的、真正的权能，能够按照一般物权行使各种权利，即农地承包权和经营权的物权化。第二个条件是农地流转供求的规模化。规模化是达成充分信息、形成土地市场价格、培育各类中介市场的前提，公开市场的存在必须要以一定体量的农地流转交易为基本前提，只有全国农地流转达到了一定的规模，并在未来有较快增长的预期，才有可能使流转市场持续存在和健康发展。第三个条件是以健全的城乡社会保障体系为支撑。我国农地首先是作为基本生活保障存在，其次才是一种可增值、可变现的富余"资产"，对于一部分不再以土地为主要生活收入来源的非农就业者，必须系统地解决其社会生活保障问题。

本书认为，应采取多种措施保障公开市场机制的实现。农地流转公开市场是一系列机制的总和，是形成和推动农地流转公开市场顺利运行的一系列主体关系、制度功能及其相互关系等。保障农地流转市场主体地位平等，表现为两个方面的内容：一方面要限制强势地位主体的非法权力；另一方面要赋予和保障农户合法正当的流转权益。例如，严格防范地方政府滥施公权力，规范村集体经济组织的流转行为，提高农户的市场经济意识和能力等。在信息流通机制方面，核心是解决信息不对称问题，政府应为农地流转创设各种便利条件，加强农地流转信息的采集，及时掌握流转数量、流转方式，搭建农地流转信息平台；探索开展"互联网＋"农地流转交易的方式推动实现流转信息网络化；构建农户与企业信任关系。在价格形成机制上，协商定价中政府应当加强指导，根据一个地区农地的整体状况，测算并公布一个流转指导价格；公开竞价则是多个意向需求方采取网络竞价、现场拍卖、招投标等方式确定土地流转价格。控制和降低各类交易费用的关键问题仍然是市场信息流通、共享渠道的畅通，应采取有利于流转信息发现、流通、共享、利用的措施。

本书分析了农地流转公开市场的若干运行模式。农地流转市场是土地流转的场所、载体等，规定着农地流转方式是在何种市场环境或场景下实现的。按照是否存在物质形态的载体，农地公开市场可以分为有形市场和无形市场两种。平台交易方式是指通过一定的交易中介机构实现，有助于使交易过程公开透明，保障交易主体的平等地位，也有助于积累丰富的价格信息数据，为类似农地流转交易提供一个相对稳定的坐标系。农地股份合作体现的是要素（土地）股份化、经营产业化、运作市场化，有利于促进农村土地有序流转，发展适度规模经营。而真正的土地银行应当是一类金融机构，今后我国的土地银行应当走金融化的方向，条件成熟时成立专业的土地银行金融机构。规范化自主流转的着力点，是以公开市场的各类要件为取向，保障流转双方的平等地位，保障流转信息公开、对称，流转价格的形成能够反映土地市场供求。

参考文献

［1］艾建国．耕地总量动态平衡政策效果分析及对策［J］．改革，2003（6）．

［2］安宇红．土地流转市场［J］．宏观经济管理，2008（11）．

［3］蔡进，邱道持，王静，赵梓琰．中国农村集体土地产权制度研究综述［J］．中国农学通报，2013（23）．

［4］曹飞．辩证看待农村耕地抛荒——以桂阳县为例［J］．岭南学刊，2003（2）．

［5］曹钢．产权经济学新论——产权效用·形式·配置［M］．北京：经济科学出版社，2001．

［6］曹国铭．农村土地流转制度变迁分析［J］．农村实用科技信息，2016（5）．

［7］曹建华，王红英，黄小梅．农村土地流转的供求意愿及其流转效率的评价研究［J］．中国土地科学，2007（5）．

［8］曹玟焱．试论在马克思市场理论背景下推动现代市场体系建设［J］．求实，2014（10）．

［9］曹荣山，沈志荣．溱东创设农村土地流转有形市场［J］．江苏农村经济，2008（9）．

［10］曹荣山．建立土地流转市场促进土地有序流转［J］．农村经济管理，2004（6）．

［11］陈浮，刘伟，王铁卫等．农用土地价格评估——以新班库尔勒市为例［J］．自然资源学报，1998（2）．

［12］陈浮，彭补拙．农用土地价格初步研究——温州市农用地案例分析［J］．地理科学，2000（1）．

［13］陈华富，刘经星．集体建设用地流转存在的问题［J］．中外房地产导报，2003．

［14］陈吉元．人口大国的农业增长［M］．上海：上海远东出版社，1996．

［15］陈思源．农用地转用及其价格组成研究［J］．干旱区资源与环境，2003（6）．

［16］陈卫平，郭定文．农户承包土地流转问题探讨［J］．经济问题探索，2006（1）．

［17］陈锡文．构建新型农业经营体系 加快发展现代农业步伐［J］．经济研究，2013（2）．

［18］陈锡文．关于农村土地制度改革的两点思考［J］．经济研究，2014（1）．

［19］陈锡文．落实发展新理念 破解农业新难题［J］．农业经济问题，2016（3）．

［20］陈锡文．中国农业发展形势及面临的挑战［J］．农村经济，2015（1）．

［21］陈祥健．"土地承包经营权"：物权法视角中的三大问题［J］．农业经济问题，2002（4）．

［22］陈茵茵，黄伟．美国的农地保护及其对我国耕地保护的借鉴意义［J］．南京农业大学学报（社会科学版），2002（2）．

［23］陈永志，黄丽萍．农村土地使用权流转的动力、条件及路径选择［J］．经济学家，2007（1）．

［24］陈勇．农村集体建设用地流转的障碍与对策［J］．经济论坛，2003（12）．

［25］陈章喜．农地承包经营权流转效率：学理与实证［J］．暨南学报（哲学社会科学版），2014（1）．

［26］陈志安、冯继康．农村土地经营制度研究［M］．北京：中国经济出版社，1994．

［27］陈志刚，曲福田．农地产权结构与农业绩效：一个理论框架［J］．学术月刊，2006（9）．

[28] 陈志刚, 曲福田. 农地产权制度的演变与耕地绩效——对转型期中国的实证分析 [J]. 财经研究, 2003 (6).

[29] 成汉昌. 中国土地制度与土地改革——20 世纪前半期 [M]. 北京: 中国档案出版社, 1994.

[30] 程恩富等. 马克思主义经济学与应用经济学创新 [M]. 北京: 经济管理出版社, 2009.

[31] 崔裴. 论我国土地征用补偿费标准及其定量方法 [J]. 华东师范大学学报 (哲学社会科学版), 2003 (1).

[32] 道格拉斯·G. 诺斯. 经济史中的结构与变迁 [M]. 上海: 上海三联书店, 1999.

[33] 邓大才. 农村家庭承包土地转让的价格研究 [J]. 改革, 2001 (2).

[34] 邓大才. 农地社会价值及其核算 [J]. 云南行政学院学报, 2002 (2).

[35] 邓大才. 农户承包土地交易的价格构成和制度需求 [J]. 中州学刊, 2001 (6).

[36] 邓大才. 农户承包土地流转的价值障碍及价格核算 [J]. 福建农业大学学报 (社会科学版), 2001 (1).

[37] 邓留献. 农地土地定级估价理论与实践 [M]. 北京: 中国土地出版社, 2000.

[38] 丁关良, 田华. 论农用地物权制度的选择——关于"土地承包经营权"名称的存废 [J]. 中国农村经济, 2002 (2).

[39] 丁关良. 农村土地承包经营权物权制度的完善设想 [J]. 经济问题, 2001 (1).

[40] 丁力. 中国三农: 国际竞争中的观察与思考 [M]. 郑州: 河南人民出版社, 2003.

[41] 杜朝晖. 我国农村土地流转制度改革模式、问题与对策 [J]. 当代经济研究, 2010 (2).

[42] 杜奋根, 赵翠萍. 对马克思地租理论现代价值的探索 [J]. 求实, 2013 (12).

[43] 杜丽娟等. 马克思地租理论在土地流转定价中的应用研究 [J]. 农业经济，2010 (4).

[44] 段文斌. 产权、制度变迁与经济发展——新制度经济学前沿专题 [M]. 天津：南开大学出版社，2003.

[45] 段文技. 国外土地征用制度的比较及借鉴 [J]. 世界农业，2001 (11).

[46] 范剑勇，莫家伟. 城镇化过程中慎重推进土地流转：国际经验及对中国的启示 [J]. 毛泽东邓小平理论研究，2013 (1).

[47] 范剑勇，莫家伟. 经济发展方式转变为什么这么难 [J]. 复旦学报，2012 (2).

[48] 房绍坤. 论土地承包经营权抵押的制度构建 [J]. 法学家，2014 (2).

[49] 冯炳英. 农村土地流转的绩效与发展对策 [J]. 农业经济，2004 (4).

[50] 弗里德里希·冯·哈耶克. 经济、科学与政治 [M]. 南京：江苏人民出版社，2000.

[51] 符谨礼，蔡世荣，杨灿. 征地安置途径新探——以宜昌市猇亭区为例 [J]. 中国土地，2002 (4).

[52] 福建省国土资源厅. 在规范中创新——福建省集体建设用地流转试点工作报告 [J]. 中国土地，2002.

[53] 高宇. 我国农村土地流转机制研究 [J]. 科技情报开发与经济，2012 (6).

[54] 邰亮亮，黄季焜，Rozelle Scott，徐志刚. 中国农地流转市场的发展及其对农户投资的影响 [J]. 经济学，2011 (4).

[55] 龚健. 当前中国农地流转的地租分配探析——基于马克思的地租理论 [J]. 中南财经政法大学研究生学报，2008 (4).

[56] 顾钰民. 农业现代化与深化农村土地制度改革 [J]. 经济纵横，2014 (3).

[57] 郭立芳，陈利根. 构建社会保障型的征地补偿安置机制 [J]. 中外房地产导报，2003 (18).

[58] 郭明瑞. 土地承包经营权流转的根据、障碍与对策 [J]. 山东大学学报（哲学社会科学版），2014（4）.

[59] 郭伟和. 福利经济学 [M]. 北京：经济管理出版社，2001.

[60] 贺卫，伍山林. 制度经济学 [M]. 北京：机械工业出版社，2003.

[61] 贺振华. 农村土地流转的效率：现实与理论 [J]. 上海经济研究，2003（3）.

[62] 贺振华. 农地流转中土地租金及其影响因素分析 [J]. 社会科学，2003（7）.

[63] 洪名勇. 论马克思的土地产权理论 [J]. 经济学家，1998（1）.

[64] 洪远朋. 经济理论比较研究 [M]. 上海：复旦大学出版社，2002.

[65] 胡存智. 创建制度规范流转——对集体建设用地流转的几点思考 [J]. 中国土地，2001（3）.

[66] 胡兰玲. 关于我国农地承包经营权的法律思考 [J]. 社科纵横，2002（5）.

[67] 胡亦琴. 我国农村土地流转制度创新与绩效分析 [J]. 经济学动态，2003（3）.

[68] 黄东东. 土地征用公益目的性理解 [J]. 中国土地，2003（1）.

[69] 黄丽萍. 马克思地租视角下的农地使用权流转 [J]. 福建论坛，2006（5）.

[70] 黄利宏，叶伦文，晏坤. 农村集体建设用地自发流转的原因探讨 [J]. 农村经济与技术，2003（3）.

[71] 黄贤金. 农地价格论 [M]. 北京：中国农业出版社，1995.

[72] 黄贤金等. 中国农村土地市场运行机理分析 [J]. 江海学刊，2001（2）.

[73] 霍雅勤，蔡运龙. 可持续理念下的土地价值决定与量化 [J]. 中国土地科学，2003（2）.

[74] 吉林省国土资源厅. 规范集体建设用地流转促进农村社会经济发展 [J]. 中国土地，2001（10）.

[75] 纪坡民. 产权与法 [M]. 北京：生活·读书·新知三联书店，2001.

[76] 冀县卿，黄季焜. 改革三十年农地使用权演变：国家政策与实际执行的对比分析 [J]. 农业经济问题，2013 (5).

[77] 加里·S. 贝克尔. 人类行为的经济分析 [M]. 上海：上海三联书店，1995.

[78] 加里·D. 利贝卡普. 产权的缔约分析 [M]. 北京：中国社会科学出版社，2001.

[79] 江平. 中国土地立法研究 [M]. 北京：中国政法大学出版社，1999.

[80] 姜爱林. "苏州模式"与农村集体建设用地制度创新 [J]. 数里经济技术经济研究，2001 (7).

[81] 蒋省三，刘守英. 农村集体建设用地进入市场势在必行 [J]. 决策咨询，2003 (10).

[82] 蒋雨露. 我国农村土地承包经营权流转问题探究 [J]. 商，2015 (9).

[83] 蒋志强. 我国农户土地经营权流转状况的实证分析——基于CHIP 2013 数据 [J]. 农村经济与科技，2016，27 (19).

[84] 杰克·赫什莱佛、约翰·G. 赖利. 不确定性与信息分析 [M]. 北京：中国社会科学出版社，2000.

[85] 金文成，孙昊. 农村土地承包经营权流转市场分析 [J]. 农业经济问题，2010 (11).

[86] 金贤唐、张健. 经济博弈分析 [M]. 北京：机械工业出版社，2003.

[87] 靳相木. 土地承包经营权的法律性质及其发展趋势 [J]. 中国农村经济，2001 (2).

[88] 康成杰，王韬. WTO 背景下我国地产法的完善 [J]. 石家庄经济学院学报，2002 (3).

[89] 柯武刚，史漫飞. 制度经济学——社会秩序与公共政策 [M]. 北京：商务印书馆，2000.

[90] R. 科斯，A. 阿尔钦，D. 诺斯等. 财产权利与制度变迁——产权学派与新制度学派译文集 [M]. 刘守英译. 上海：上海三联书店，1994.

[91] 克劳斯·丹宁格. 促进增长与缓减贫困的土地政策 [M]. 北京：中国人民大学出版社，2007.

[92] 孔凡宇. 农村土地流转供求意愿研究 [J]. 现代农业研究，2016（5）.

[93] 孔祥斌，张凤荣，李霖. 农用地估价方法探讨 [J]. 河北农业大学学报，2002（4）.

[94] 勒相木. 土地承包经营权的法律性质及其发展趋势 [J]. 中国农村经济，2001（2）.

[95] A. J. 雷纳，D. 科尔曼. 农业经济学前沿问题 [M]. 北京：中国税务出版社，2000.

[96] 李昌平. 中国土地流转制度过去、现在和将来 [J]. 吉林农业，2016（15）.

[97] 李登攀. 土地流转乃大势所趋：农村新一轮改革启幕 [N]. 经济视点报，2008 - 10 - 8.

[98] 李平，李秀彬，刘学军. 我国现阶段土地利用变化驱动力的宏观分析 [J]. 地理研究，2001（2）.

[99] 李秋明，陆红生. 中国农村土地制度创新模式研究 [J]. 中国农村经济，2001（12）.

[100] 李妍. 农村土地流转与农村劳动力转移的关系探讨 [J]. 现代营销，2016（8）.

[101] 李勇，杨卫忠. 农村土地流转制度创新参与主体行为研究 [J]. 农业经济问题，2014（2）.

[102] 理查德·琼斯. 论财富的分配和赋税的来源 [M]. 北京：商务印书馆，1994.

[103] 梁亚荣，万颖萍. 对土地承包经营权应予以补偿——《农村土地承包法》对土地征用补偿的影响 [J]. 中国土地，2003（4）.

[104] 刘凡、刘允斌. 产权经济学 [M]. 武汉：湖北人民出版社，2002.

［105］刘守英．中共十八届三中全会后的土地制度改革及其实施［J］．法商研究，2014（2）．

［106］刘维新．中国土地租税费体系研究［M］．北京：中国大地出版社，1994．

［107］刘永佶．论中国农村土地制度的改革［J］．中国特色社会主义研究，2014（1）．

［108］刘友凡．稳定承包权放活经营权［J］．中国农村经济，2001（10）．

［109］陆红生．土地管理总论［M］．北京：中国农业出版社，2002．

［110］罗伯特·考特，托马斯·尤伦．法和经济学［M］．上海：上海三联出版社，1994．

［111］罗湖平．中国土地隐形市场研究综述［J］．经济地理，2014（4）．

［112］马克思．资本论［M］．郭大力，王亚南译．上海：上海三联书店，2009．

［113］马克思恩格斯选集（第1卷）［M］．中共中央马克思恩格斯列宁斯大林著作编译局译．北京：人民出版社，1995．

［114］马克思恩格斯选集（第2卷）［M］．中共中央马克思恩格斯列宁斯大林著作编译局译．北京：人民出版社，1995．

［115］马克思恩格斯选集（第3卷）［M］．中共中央马克思恩格斯列宁斯大林著作编译局译．北京：人民出版社，1995．

［116］马晓河，崔红志．建立土地流转制度促进区域农业生产规模化经营［J］．管理世界，2002（11）．

［117］诺斯．制度、制度变迁与经济绩效［M］．上海：上海三联书店，1994．

［118］彭德琳．新制度经济学［M］．武汉：湖北人民出版社，2002．

［119］彭万林．民法学［M］．北京：中国政法大学出版社，1994．

［120］钱忠好，牟燕．中国土地市场化改革：制度变迁及其特征分析［J］．农业经济问题，2013（5）．

［121］钱忠好．农村土地承包经营权产权残缺与市场流转困境：理论

与政策分析 [J]. 管理世界, 2002 (6).

[122] 秦大河, 张坤民, 牛文元. 中国人口资源环境与可持续发展 [M]. 北京: 新华出版社, 2002.

[123] 单胜道, 尤建新. 模糊综合评估法及其在农地价格评估中的应用 [J]. 同济大学学报, 2002 (8).

[124] 单胜道, 尤建新. 市场比较法及其在农地价格评估中的应用 [J]. 同济大学学报, 2002 (11).

[125] 单胜道. 成本逼近法及其在农地评估中的应用 [J]. 资源科学, 2002 (6).

[126] 单文豪. 关于郊区农民对土地承包及使用权流转意向的调查 [J]. 上海农村经济, 2001 (10).

[127] 单文豪. 九亭镇农村土地征用使用的情况, 问题与对策 [J]. 上海农村经济, 2002 (12).

[128] 邵彦敏. 马克思土地产权理论的逻辑内涵及当代价值 [J]. 马克思主义与现实, 2006 (3).

[129] 沈国明. 土地使用权研究 [M]. 上海: 上海远东出版社, 1994.

[130] 史晋川, 金祥荣, 赵伟, 罗卫东等. 制度变迁与经济发展: 温州模式研究 [M]. 杭州: 浙江大学出版社, 2002.

[131] 史清华. 农户经济可持续发展研究——浙江十村千户变迁 [M]. 北京: 中国农业出版社, 2005.

[132] 史卫民. 国外土地制度变迁中农民土地权益保护的比较与借鉴 [J]. 现代经济探讨, 2014 (2).

[133] 速水佑次郎, 拉坦. 农业发展的国际分析 [M]. 北京: 中国社会科学出版社, 2000.

[134] 孙翱翔, 刘远风. 当前农村土地流转热的理性思考 [J]. 农业现代化研究, 2014 (1).

[135] 汤姆·泰坦伯格. 环境与自然资源经济学 [M]. 北京: 经济科学出版社, 2003.

[136] 王景新. 中国农村土地制度的世纪变革 [M]. 北京: 中国经

济出版社, 2001.

[137] 王瑞雪. 推进农村土地流转需要认识与观念的突破 [J]. 调研世界, 2004 (3).

[138] 王万茂, 韩桐魁. 土地利用规划学 [M]. 北京: 中国农业出版社, 2002.

[139] 王卫国. 中国土地权利研究 [M]. 北京: 中国政法大学出版社, 1997.

[140] 王晓兵, 侯麟科, 张砚杰, 孙剑林. 中国农村土地流转市场发育及其对农业生产的影响 [J]. 农业技术经济, 2011 (10).

[141] 王燕霞. 新形势下农村土地制度改革研究 [J]. 河北法学, 2014 (4).

[142] 温铁军, 张俊娜, 邱建生, 罗加铃. 农业 1.0 到农业 4.0 的演进过程 [J]. 当代农村财经, 2016 (2).

[143] 温铁军. 农村税费改革及 "后税费时代" 相关问题分析 [J]. 税务研究, 2006 (7).

[144] 温铁军. 综合性农民专业合作社的发展问题 [J]. 中国农民合作社, 2010 (2).

[145] 吴贵森. 农村土地使用权流转机制立法探索 [J]. 西北农林科技大学学报, 2015 (2).

[146] 吴象. 中国农村改革实录 [M]. 杭州: 浙江人民出版社, 2001.

[147] 夏建丽. 重视土地承包经营权流转, 实行适度规模经营的发展建议 [J]. 农业开发与装备, 2016 (11).

[148] 解安. 海外农业现代化进程中农地制度变革及其启示 [J]. 天津商学院学报, 2003 (2).

[149] 徐旭, 蒋文华, 应风其. 我国农村土地流转的动因分析 [J]. 改革, 2003 (1).

[150] 亚当·斯密. 国民财富的性质和原因的研究 [M]. 北京: 商务印书馆, 1981.

[151] 焉香玲. 基于马克思地租理论的我国农民收益分配问题研究

[J]. 经济纵横，2010（7）.

[152] 闫小欢，翟学喜. 农民就业、农村社会保障和土地流转——基于河南省479个农户调查的分析 [J]. 农业技术经济，2013（7）.

[153] 杨殿闯，温铁军. "东亚土改经验"何以成立——促使"东亚土改"成功的共性因素分析 [J]. 农业考古，2015（1）.

[154] 杨梦露. 马克思土地产权理论的当代启示 [J]. 人民论坛，2016（29）.

[155] 杨遂全，祁全明. 农村土地使用权流转的主要方式及效力评价 [J]. 西北农林科技大学学报，2015（2）.

[156] 杨重光，吴次芳. 中国土地使用制度改革十年 [M]. 北京：中国大地出版社，1996.

[157] 姚洋. 中国农村土地制度：一个分析框架 [J]. 中国社会科学，2000（2）.

[158] 姚洋. 自由、公正和制度变迁 [M]. 郑州：河南人民出版社，2002.

[159] 叶剑平，蒋妍，丰雷. 中国农村土地流转市场的调查研究——基于2005年17省调查的分析和建议 [J]. 中国农村观察，2006（4）.

[160] 易忠君. 土地承包经营权的流转和抵押价格比较 [J]. 贵州农业科学，2013（9）.

[161] 袁铖. 农村土地承包经营权流转地租问题研究：一个基于地租理论的分析框架 [J]. 贵州社会科学，2013（6）.

[162] 袁铖. 农村土地承包经营权流转效率问题研究 [J]. 河北经贸大学学报，2014（3）.

[163] 原玉廷，彭邓民. 刍议马克思土地资本理论与我国土地改革现实——兼论构建中国特色土地经济学理论体系 [J]. 经济问题，2013（1）.

[164] 翟研宁. 农村土地承包经营权流转价格问题研究 [J]. 农业经济问题，2013（11）.

[165] 张成玉. 农村土地流转中意愿价格问题研究 [J]. 农业技术经济，2013（12）.

[166] 张定胜. 计量经济学 [M]. 武汉：武汉大学出版社，2000.

[167] 张红宇. 中国农村土地调整与使用权流转：几点评论 [J]. 管理世界, 2002 (5).

[168] 张家庆. 地租与地价学 [M]. 北京：中国国际广播出版社, 1994.

[169] 张沁岚, 杨炳成, 文晓巍, 饶炯. 土地股份合作背景下推进承包经营权确权的农户意愿、难点与对策——以广东省为例 [J]. 农业经济问题, 2014 (10).

[170] 张维迎. 博弈论与信息经济学 [M]. 上海：上海人民出版社, 1996.

[171] 张文华等. 中国农地流转问题调查 [M]. 上海：上海远东出版社, 2012.

[172] 张五常. 佃农理论——应用于亚洲的农业和台湾的土地改革 [M]. 北京：商务印书馆, 2001.

[173] 张五常. 经济解释 [M]. 北京：商务印书馆, 2000.

[174] 张献. 土地流转价格水平对土地流转的差异性影响 [J]. 中国农机化学报, 2013 (5).

[175] 张远索. 新型城镇化背景下城乡土地市场统筹构建 [J]. 中国土地科学, 2013 (11).

[176] 赵金龙等. 农村土地流转与征收 [M]. 北京：金盾出版社, 2012.

[177] 赵军霞. 加快农村土地有序流转促进土地适度规模经营 [J]. 河南农业, 2016 (4).

[178] 赵效民. 中国土地改革史 (1921－1949) [M]. 北京：人民出版社, 1990.

[179] 赵义良, 王代月. 马克思的产权思想：价值取向与当代意义 [J]. 马克思主义与现实, 2013 (3).

[180] 郑和平, 段龙龙. 中国农村土地产权权能弱化论析 [J]. 四川大学学报, 2013 (6).

[181] 钟祥财. 中国土地思想史稿 [M]. 上海：上海社会科学院出版社, 1995.

［182］周飞. 我国农村土地流转得现状、问题及对策研究［J］. 经济师，2006（5）.

［183］周其仁. 产权与制度变迁：中国改革的经济研究［M］. 北京：社会科学文献出版社，2002.

［184］朱广新. 论土地承包经营权的主体、期限和继承［J］. 吉林大学社会科学学报，2014（4）.

［185］朱文. 新农村建设中农村集体土地流转制度改革与创新［J］. 农村经济，2007（9）.

［186］祝志勇. 农村土地流转制度的政治经济学分析［J］. 改革，2003（1）.

［187］Basu A K. Oligopolistic Landlords，Segmented Labour Markets and the Persistence of Tier－labour Contracts［J］. American Agricultural Economics Association，2002（2）.

［188］Binswanger H P，Deininger G E. Power，Distortions Revolt and Reforming Agricultural Land Relations［J］. Handbook of Development Economics，1993，3（2）.

［189］Feder G D，Feeney. The Theory of Land Tenure and Property Rights［J］. World Bank Economic Review，1993，5（7）.

［190］Joshua M. Duke，Eleonora Marisova，Anna Bandlerova，Jana Slovinska. Price Repression in the Slovak Agricultural Land Market［J］. Land Use Policy，2004（21）.

［191］Kung J K S. Off－Farm Labor Markets and the Emergence of Land Rental Market in Rural China［J］. Journal of Comparative Economics，2002（30）.

［192］Macmillan D C. An Economic Case for Land Reform［J］. Land Use Policy，2000，17（1）.

［193］Ruden S T. Property Rights，Land Market and Investment in Soil Conservation，Paper Prepared for the Workshop［J］. Economic Policy Reforms and Sustainable Land Usein LDC：Rent Advances in Quantitative Analysis，1999，5（12）.

［194］ Terry V D. Scenarios of Central European Land Fragmentation ［J］. Land Use Policy, 2003 (20).

［195］ Tesfaye T, Adugna L. Factors Affecting Entry Intensityin Informal Rental Land Markets in the Southern Ethiopian Highland ［J］. Agricultural Economics, 2004 (30).

图书在版编目（CIP）数据

农地流转公开市场的机制与模式／张子荣著．—北京：
经济科学出版社，2019.8
ISBN 978 - 7 - 5218 - 0801 - 8

Ⅰ.①农… Ⅱ.①张… Ⅲ.①农业用地－土地流转－
研究－中国 Ⅳ.①F321.1

中国版本图书馆 CIP 数据核字（2019）第 184469 号

责任编辑：范　莹　杨　梅
责任校对：蒋子明
责任印制：李　鹏

农地流转公开市场的机制与模式
张子荣　著
经济科学出版社出版、发行　新华书店经销
社址：北京市海淀区阜成路甲 28 号　邮编：100142
总编部电话：010 - 88191217　发行部电话：010 - 88191540
网址：www.esp.com.cn
电子邮件：esp@esp.com.cn
天猫网店：经济科学出版社旗舰店
网址：http://jjkxcbs.tmall.com
北京季蜂印刷有限公司印装
710×1000　16 开　9.25 印张　150000 字
2019 年 9 月第 1 版　2019 年 9 月第 1 次印刷
ISBN 978 - 7 - 5218 - 0801 - 8　定价：40.00 元
（图书出现印装问题，本社负责调换。电话：010 - 88191510）
（版权所有　侵权必究　打击盗版　举报热线：010 - 88191661
QQ：2242791300　营销中心电话：010 - 88191537
电子邮箱：dbts@esp.com.cn）